W0286007

Margit Brinke, Peter Kränzle

CITY|TRIP

WASHINGTON D.C.

Nicht verpassen!

Karte S. 3

1 White House [E5]
Den Wohnsitz des US-Präsidenten kann man zwar nicht von innen besichtigen, dennoch gehören das prächtige Gebäude und das zugehörige Besucherzentrum zu den Highlights eines Washington-Besuchs (s. S. 13).

6 Lincoln Memorial [C6]
Eines der auffälligsten Denkmäler an der „Mall" ist das Memorial für Abraham Lincoln, den bis heute am meisten verehrten Präsidenten in der Geschichte der USA (s. S. 18).

13 Washington Monument [E6]
Als markanter Punkt überragt das Washington Monument die „Mall". Es erinnert an einen der Gründungsväter der USA und ist das Wahrzeichen der Stadt sowie ein guter Aussichtspunkt (s. S. 24).

17 National Museum of African American History and Culture [E6]
In diesem architektonisch sehenswerten neuen Museum an der „Mall" steht die Geschichte der Afroamerikaner im Mittelpunkt (s. S. 28).

18 National Museum of American History [E6]
Das Museum bietet einen guten Überblick über die sozialen, kulturellen, wissenschaftlichen und technischen Errungenschaften in der mehr als 200-jährigen Geschichte der USA (s. S. 29).

23 National Museum of the American Indian (NMAI) [G6]
In diesem größten Indianermuseum der Welt werden in einem architektonisch ungewöhnlichen Bau verschiedene indianische Völker beider amerikanischer Kontinente vorgestellt (s. S. 33).

25 U.S. Capitol [H6]
Unübersehbar dominiert das Capitol die Innenstadt. Das Zentrum der Demokratie kann besichtigt werden. Vielleicht finden auch Sitzungen statt (s. S. 35).

36 Smithsonian American Art Museum/National Portrait Gallery [F5]
Über 40.000 Kunstwerke bilden einen Querschnitt durch die Entwicklung der nordamerikanischen Kunst (s. S. 47).

38 Georgetown [B4]
Georgetown wurde bereits 1789 gegründet und hat sich bis heute den Reiz einer beschaulichen Ortschaft bewahrt. Es ist beliebt für Shopping, Essen und Nightlife (s. S. 49).

Leichte Orientierung mit dem cleveren Nummernsystem

Die Sehenswürdigkeiten sind im Text und im Kartenmaterial mit derselben **magentafarbenen ovalen Nummer** 1 markiert. Alle anderen Lokalitäten wie Geschäfte, Restaurants usw. tragen ein **Symbol und eine fortlaufende rote Nummer** (1). Die Liste aller Orte befindet sich auf Seite 140, die Zeichenerklärung auf Seite 143.

Washington auf einen Blick

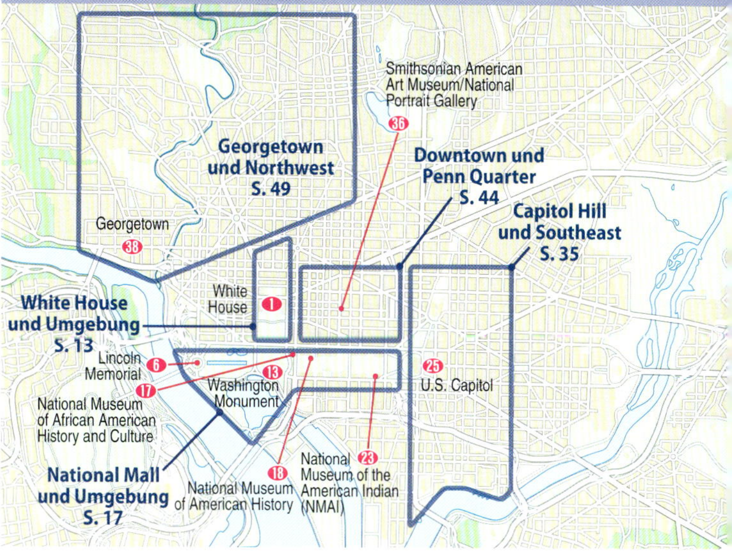

Das Ehrenmonument für George Washington ⓭ (002wa-mb)

Zeichenerklärung

★★★ nicht verpassen
★★ besonders sehenswert
★ wichtig für speziell interessierte Besucher

[A1] Planquadrat im Kartenmaterial. Orte ohne diese Angabe liegen außerhalb unserer Karten. Ihre Lage kann aber wie die von allen Ortsmarken mithilfe der begleitenden Web-App angezeigt werden (s. S. 138).

Updates zum Buch

www.reise-know-how.de/citytrip/washington19

Vorwahlen

- **für die USA:** 001
- **für Washington D.C.:** 202

Washington D.C. ist eine ungewöhnliche Hauptstadt: 1791 als Planstadt dem Sumpfgelände am Potomac River abgerungen, ist „D.C.“ nicht nur die Wiege der modernen Demokratie und Schaltzentrale der Weltpolitik, sondern auch ein Kunst- und Kulturmekka. Einen ersten Überblick könnte man sich von der neuen Aussichtsplattform auf dem CEB Tower (s. S. 54) in Arlington verschaffen.

Neues aus der Museumsszene

Eindrucksvolle Monumente und Museen rahmen die „Mall“. Neueste Ergänzung ist das National Museum of African American History and Culture (s. S. 28), dazu lohnen der West Wing des National Museum of American History (s. S. 29), die Fossil Hall im National Museum of Natural History (s. S. 29) und der East Wing der National Gallery of Art (s. S. 30) einen Besuch. Neu eröffnet wurden auch das International Spy Museum (s. S. 43) und das National Law Enforcement Museum (s. S. 62).

Die Vielfalt der Neighborhoods

Abgesehen von Georgetown (s. S. 49), Capitol Hill (s. S. 35), U Street (s. S. 51) oder Adams Morgan (s. S. 52) boomen derzeit v. a. die Capitol Riverfront (s. S. 12) und die Southwest Waterfront mit The Wharf (s. S. 43). Die Flussufer am Anacostia und am Potomac River gewinnen zunehmend an Attraktivität.

Kulinarisches

Die Gastronomieszene in D.C. ist bunt und auf Märkten und in den angesagten Food Halls wie Tastemakers DC (s. S. 68) kann man auf kulinarische Weltreise gehen.

116wa-mb

WASHINGTON ENTDECKEN

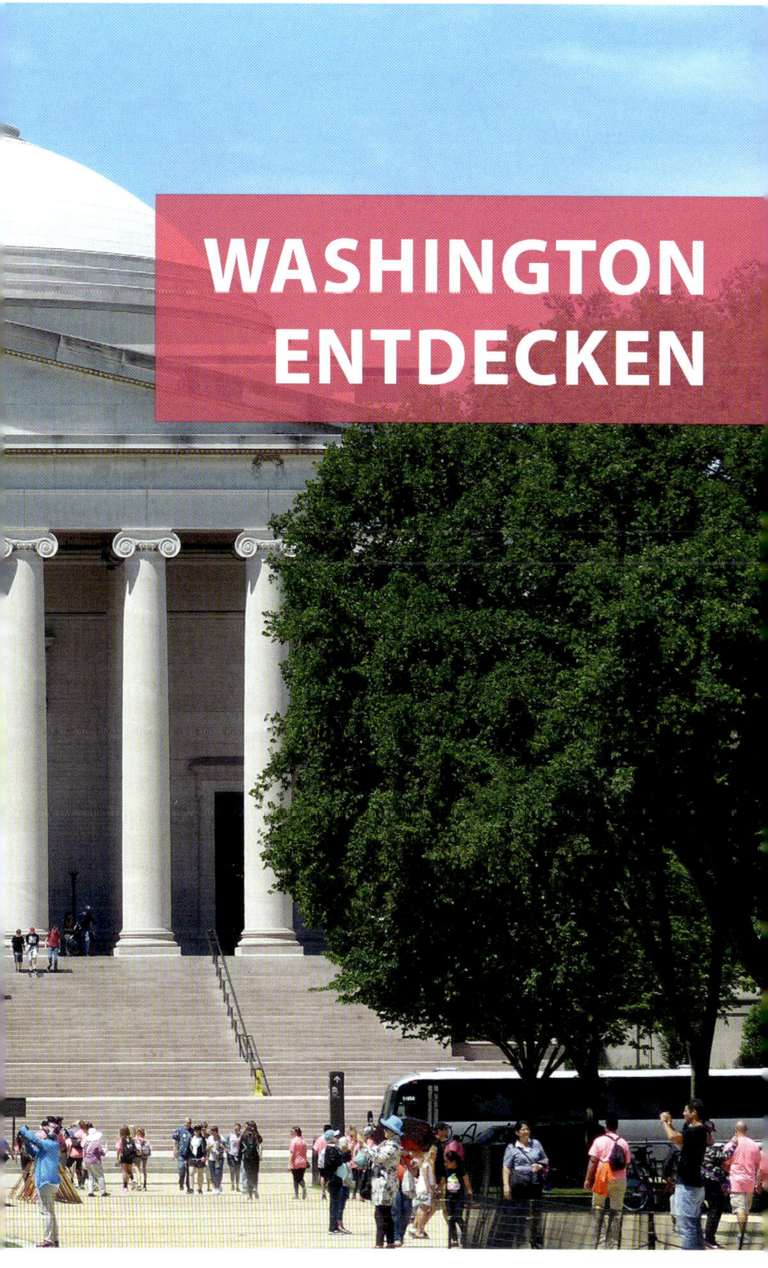

Willkommen in Washington

Washington D.C. beeindruckt auf den ersten Blick: Alles ist mächtig, prächtig und im Überfluss vorhanden, von Museen über Grünflächen bis hin zu Monumenten. Andererseits schreckt die Anonymität in der Stadt zu Anfang etwas ab und es fällt schwer, mit der Hauptstadt, die für viele Amerikaner ein Pilgerort ist, „warm zu werden".

Auch ist D.C. alles andere als eine typisch amerikanische Metropole mit Wolkenkratzern: Die Stadt ist **„flach" und ausufernd**, was lange Wegstrecken zwischen Sehenswürdigkeiten einerseits, aber andererseits auch viel Grün und Wasser dazwischen zur Folge hat. Washington ist das Zentrum der Macht, steht für Politik, aber auch für Kultur und Geschichte. Es ist auf den ersten Blick eine geschäftige, etwas steif und steril wirkende Verwaltungsstadt, v.a. was Downtown und den Bereich um die Mall angeht.

Blick über den Reflecting Pool auf das Lincoln Memorial 6

Vorseite: Das West Building der National Gallery of Art 21

Dringt man hingegen in **Neighborhoods** wie Adams Morgan und Georgetown, die U Street, den Eastern Market oder die Barracks Row vor, fühlt man sich in eine ganz andere Welt versetzt: bunt, lebhaft und etwas schräg. Nach einem Bummel über den Markt, einem äthiopischem Mahl, einem Jazzkonzert und ein paar lokal produzierten Bieren, nach einem Bootstrip oder einem Picknick im Grünen oder einem Baseballspiel mag man die Stadt gleich viel lieber.

D.C. erkundet man besser nicht mit dem Auto, sondern man „bummelt", zumindest im Zentrum: **Zu Fuß** geht es entlang der Mall von Museum zu Museum, von Memorial zu Memorial. Auch die Attraktionen in Downtown kann man leicht ohne Fahrzeug erkunden. Möchte man die umliegenden Viertel kennenlernen, muss man auf Metro oder Busse zurückgreifen, was jedoch kein Problem ist, da das öffentliche **Nahverkehrssystem** in D.C. bestens ausgebaut ist.

Das kulturelle „Kernareal" liegt um die **National Mall** (s. S. 17) mit Capitol 25 und White House 1 als markanten Sights. **Downtown** selbst ist vergleichsweise ruhig, die Gehwege werden oft bei Büroschluss „hochgeklappt" und das eigentliche Leben brodelt in den Vierteln ringsum, wo sich Klubs und Bars, Kneipen, Cafés und Shops befinden. Das historische **Georgetown** 38 liegt am zentralsten, ist am einfachsten erreichbar, aber auch am meisten frequentiert. Eher ein Treff der Locals ist hingegen der **U Street Corridor** 42 und auch im Viertel **Adams Morgan** 43 kann man noch Entdeckungen machen. Die **Barracks Row** 28 oder den **H Street Corridor** (s. S. 45) könnte man fast (noch) als Insidertipps bezeichnen.

Kurztrip nach Washington

Washington ist alles andere als eine gewöhnliche Metropole: Die Hauptstadt der USA ist kein Ziel für zielloses Schlendern oder für reines Shopping. Hierher kommt man, um die Epizentren der modernen Demokratie – White House und U.S. Senat – zu besichtigen, hier steht man staunend vor Memorials und verliert beim Besuch der verschiedenen Museen jegliches Zeitgefühl.

Je nach Interesse, Kondition und Besuchsintensität sollte man allein für die Museen an der National Mall mindestens zwei Tage einplanen. Berücksichtigt man dann noch die Memorials und die anderen Sehenswürdigkeiten, v. a. aber die lebendigen

Das gibt es nur in Washington

- ***Smithsonian Institution:*** *Sie wurde dank einer Spende des britischen Chemikers und Gelehrten James Smithson 1846 gegründet, umfasst neben Museen auch Forschungseinrichtungen, Bibliotheken und Archive und finanziert sich bis heute über Mitglieder und aus Spenden. Der Eintritt in alle Einrichtungen ist frei (s. S. 26).*
- ***National Mall:*** *Der Grünstreifen zwischen Capitol, White House und Potomac – als National Park ausgewiesen – birgt eine einmalige Konzentration von Museen und Monumenten (s. S. 17).*
- ***White House*** 1*: Das „Weiße Haus" ist seit 1800 der weltberühmte Amtssitz und Wohnort des amerikanischen Präsidenten.*
- ***U.S. Capitol*** 25*: Der mächtige klassizistische Bau überragt den Capitol Hill und dient als Sitz des Parlaments der Vereinigten Staaten, d. h. von Senat und Repräsentantenhaus.*
- *Das* ***Fehlen von Wolkenkratzern:*** *Anders als andere amerikanische Großstädte hat Wahington D.C. keine Hochhauskulisse zu bieten. Der Grund: Das Bauen in die Höhe ist gesetzlich reglementiert.*
- *„**D.C.**" ist keine gewöhnliche Stadt, sondern verwaltungstechnisch und politisch ein Unikum (s. S. 91).*
- *Washington ist eine „**black city**". Der afroamerikanische Bevölkerungsanteil liegt bei fast 50 % und der Bürgermeister ist traditionell Afroamerikaner und Demokrat.*

EXTRATIPP

Wer die Wahl hat, hat die Qual ...
Die einzelnen Denkmäler befinden sich zwar häufig in Sichtweite, können aber streckenmäßig doch weit auseinanderliegen. Daher sollte man im Vorfeld planen, was man sehen möchte. Einige Tipps:

Pflichtprogramm:
Besucherzentrum des White House 2, Lincoln Memorial 6, Washington Monument 13, National Museum of American History 18, National Museum of the American Indian 23, National Museum of African American History and Culture 17, U.S. Capitol 25 und Georgetown 38

Für Kunstliebhaber:
National Gallery of Art 21, Hirshhorn Museum & Sculpture Garden 20, Freer & Sackler Galleries 16, National Museum of African Art 15, Smithsonian American Art Museum/National Portrait Gallery 36, Phillips Collection 40

Für historisch Interessierte:
National Museum of American History 18, National Museum of the American Indian 23, National Museum of African American History and Culture 17, Ford's Theatre 37, Old Stone House (s. S. 63), Library of Congress 26, Newseum 33, National Archives 34, Arlington National Cemetery 46, Mount Vernon 49

Für „Stadtbummler":
Georgetown 38, Chinatown 35, Capitol Hill/Eastern Market 27, Capitol Riverfront (s. S. 12), U Street Corridor 42, Adams Morgan 43, Union Station 32

Für Sportfans:
Nationals Ballpark 30, Capital One Arena (s. S. 74), D.C. United (s. S. 119)

Neighborhoods ringsum, ist ein **Aufenthalt von drei Tagen** für Washington D.C. unbedingt empfehlenswert. Ein eigener Wagen ist in der Stadt eher hinderlich, zu Fuß oder mit dem öffentlichen Nahverkehr – v.a. der Metro und den Bussen des Circulator (s.S. 128) – kommt man besser und schneller voran.

Washington an zwei Tagen

Hat man zwei Tage Zeit für die Hauptstadt der USA, lernt man mit dem unten beschriebenen Spaziergang (s.S. 11) am ersten Tag das Zentrum der Hauptstadt kennen, könnte allerdings Museen und Union Station noch ausklammern.

Am zweiten Tag stünde dann zunächst **Downtown**, das sich östlich an das Weiße Haus anschließt und bis zur Union Station 32 reicht, im Mittelpunkt. Hier lohnt es sich, z.B. das **Newseum** 33, das **Ford's Theatre** 37, **Chinatown** 35 und das **Smithsonian American Art Museum/National Portrait Gallery** 36 anzusehen.

Je nach Zeit und Interesse könnte man sich anschließend einige **Museen der Smithsonian Institution** (s.S. 26) vornehmen. Gegen Abend wäre die richtige Zeit, mit **Georgetown** 38 eines der pulsierenden Viertel der Hauptstadt kennenzulernen. Hier lässt sich einkaufen und anschließend könnte man in einem der zahlreichen Lokale einkehren oder in einer Bar den Abend ausklingen lassen.

Routenverlauf im Stadtplan
Der hier beschriebene Spaziergang ist mit einer farbigen Linie im Stadtplan eingezeichnet.

Washington an einem verlängerten Wochenende

Drei oder sogar vier Tage wären für einen Besuch in Washington D.C. ideal. So könnte man in Ruhe und mit Pausen den Spaziergang um die National Mall (s. r.) vornehmen, sich in seinen Lieblingsmuseen Zeit lassen und die Lokale und Shops in den bereits erwähnten Stadtvierteln der Hauptstadt ausgiebig erkunden.

Bei einem längeren Aufenthalt bliebe außerdem Zeit für den einen oder anderen Ausflug. Abgesehen vom nahen **Arlington National Cemetery** 46 würden sich die **Washington National Cathedral** 44 oder der **National Zoo** 45 lohnen. Weiter entfernt liegen das sehenswerte **Mount Vernon** 49 oder die historische Hafenstadt **Alexandria** 48.

Ein Tipp für einen lauen Sommerabend von April bis Oktober wäre eine Bootsfahrt (s. S. 122) oder – gut mit Barracks Row 28 und Navy Yard 29 zu verbinden – der Besuch eines Baseballspiels im **Nationals Ballpark** 30 am Fluss. Hier erlebt man die Washingtonians von einer anderen Seite, lernt das „National Game“ kennen und kann im Stadion lokale Spezialitäten und Biere kosten.

Stadtspaziergang

Das **touristische Zentrum** Washingtons liegt um die National Mall, zwischen U.S. Capitol im Osten und Lincoln Memorial im Westen, dem White House im Norden und dem Tidal Basin im Süden. Das **White House** 1 ist seit „9/11“ für die Öffentlichkeit nicht mehr zugänglich, zum Ausgleich gibt es aber ein modernes **Besucherzentrum** 2 mit Ausstellungen und dieses ist ein idealer Ausgangspunkt für einen **Spaziergang** durch das Herz von D.C., der ohne längere Besichtigungen bequem in einigen Stunden, maximal einem Tag, absolviert werden kann. Nach einem Blick durch den Zaun auf das White House geht es vorbei an den Constitution Gardens und dem **Vietnam Veterans Memorial** 5 zum **Lincoln Memorial** 6. Von dort bietet sich ein fotogener Ausblick über die gesamte Mall bis hin zum Capitol 25.

Noch vor dem Washington Monument lohnt ein kurzer Abstecher nach Süden, vorbei am **Korean War Veterans Memorial** 7, zum **Martin Luther King Jr. Memorial** 8. Über das Nati-

Das National Museum of African American History and Culture 17

111wa-mb

onal World War II Memorial 12 erreicht man dann das **Washington Monument** 13, eines der Wahrzeichen der Stadt, auf das man bei rechtzeitiger Vorausplanung auch hinauffahren kann. Doch auch ohne Washington Monument ist der Vormittag auf alle Fälle prall gefüllt.

Beim Spaziergang über die National Mall Richtung Capitol fällt links und rechts der Blick auf die Museen der **Smithsonian Institution** (s. S. 26). Hier gilt es je nach Interesse auszuwählen. Empfehlenswert sind v. a. das **National Museum of American History** 18, das 2016 neu eröffnete National Museum of African American History and Culture 17 und das **National Museum of the American Indian** 23, dessen Café zugleich ideal für eine späte Mittagspause ist.

Wer das mächtige **U.S. Capitol** 25 auch innen besichtigen möchte, muss sich bei den Museen beschränken und sich zudem vorher anmelden. Nach einem zumindest kurzen Blick in die **Library of Congress** 26 geht es weiter zur **Union Station** 32 – dem Bahnhof, der als Verkehrsknoten dient und auch zu Shopping oder Imbiss einlädt. Den Abend kann man nach einem Bummel in einem der Lokale bzw. Bars an der **Barracks Row** 28 oder der **H Street** (s. S. 45) ausklingen lassen.

D.C. Neighborhoods

Washington besteht aus mehr als Museen, White House, Capitol oder National Mall. Nachfolgend ein Überblick über die für Besucher interessantesten „Neighborhoods“:

- ***Downtown** (s. S. 44) breitet sich östlich des White House und nördlich der Mall bis hin zum Bahnhof, der Union Station, aus. Teil davon ist das **Penn Quarter** – nördlich der Pennsylvania Avenue – mit teuren Lokalen und Shops, dem Newseum, der Capital One Arena (Sporthalle), der National Portrait Gallery/American Art Museum, dem International Spy Museum oder dem Ford's Theatre. Direkt nördlich schließt **Chinatown** 35 an.*
- ***Capitol Hill** (s. S. 35) bezeichnet das Areal südöstlich des Capitols, wo außer Regierungsbauten und dem Eastern Market historische Reihenhäuser, kleine Läden und nette Lokale (konzentriert entlang 8th St. SE/Barracks Row 28) zu finden sind.*
- ***Capitol Riverfront/Navy Yard** 29: Früher hatte die Region südlich der Mall bis zur Landspitze, wo Washington Channel und Anacostia River zusammenfließen, keinen besonders guten Ruf, doch heute ist hier viel in Bewegung. Der Neubau des Nationals Park, des Baseballstadions, hat die Revitalisierung des Viertels eingeleitet. Danach folgte der Bau eines neuen Fußballstadions.*
- ***Foggy Bottom** [C4] bezeichnet das Viertel nordwestlich des White House, dessen Zentrum der Campus der George Washington University bildet.*
- ***Georgetown** 38 wurde schon lange vor D.C. als Hafenstädtchen gegründet, ist jetzt jedoch Teil der Hauptstadt. Es ist Sitz der gleichnamigen Universität und dank des historischen C&O Canal, der beschaulichen Wohnhäuser in den*

White House und Umgebung

Das Zentrum der Stadt erstreckt sich zwischen dem U.S. Capitol im Osten und dem Lincoln Monument im Westen am Potomac River. Das White House befindet sich dazwischen und zugleich am südöstlichen Rand des Viertels Foggy Bottom.

Der Lafayette Square schließt als Park ans Weiße Haus an und am Potomac River steht mit dem John F. Kennedy Center (s. S. 74) eine wichtige Konzert- und Veranstaltungshalle.

1 White House ★★★ [E5]

„1600 Pennsylvania Avenue, Washington D.C." ist neben „10 Downing Street" in London die wohl berühmteste Adresse der Welt. Hier befindet sich das White House, das seit 1800 Sitz der Präsidenten der Vereinigten Staaten von Amerika, Schaltzentrale der Nation und neben dem Capitol die Hauptattraktion Washingtons ist.

Wenn man auch seit „9/11" keinen Blick mehr ins Innere des Präsidentenwohnsitzes werfen darf, gehört es doch zum Pflichtprogramm eines Washington-Besuchs, das Haus zumindest von außen gesehen haben.

Seitenstraßen und v. a. wegen des Restaurant-, Shopping- und Entertainment-Angebots zwischen M Street und Wisconsin Ave. bei Besuchern und Einheimischen beliebt.

- *Zwischen **Dupont Circle** [D3] und **Logan Circle** [E/F3] erstreckt sich entlang der Massachusetts Ave. ein Wohnareal mit Bürogebäuden und einer Konzentration von Botschaften, besser bekannt als **„Embassy Row"**. Das Areal östlich des Dupont Circle gilt als Zentrum der LGBT Community (s. S. 114).*
- ***Shaw/U Street** 42: Das Viertel Shaw im Norden gilt als „Harlem of Washington", war es doch Heimat vieler afroamerikanischer Künstler und Musiker wie Duke Ellington. Legendär ist Ben's Chili Bowl (s. S. 69), sehenswert das African-American Civil War Memorial & Museum (s. S. 60) erlebenswert die Musikklubs und Bars und zum Bummel geeignet die ausgefallenen Läden und Lokale.*
- ***Adams Morgan** 43: Das Viertel um die Kreuzung Columbia Rd./18th St. NW im Nordwesten ist bekannt für extravagante Läden und kreative Lokale, für sein Nachtleben und ein buntes Völkergemisch, aber auch für eine lebendige Kulturszene.*
- ***H Street NE/Atlas District** (s. S. 45): Östlich des Bahnhofs befindet dieses kleine angesagte Viertel mit Läden, Galerien, Kneipen und Restaurants.*
- ***Upper Northwest:** Die Region setzt sich aus Vierteln wie Woodley Park, Tenleytown (American University), Cleveland Park, Wesley Heights oder Cathedral Heights zusammen. Attraktionen sind die **National Cathedral** 44 und der **Zoo** 45. Mit **Mt. Pleasant** und **Columbia Heights** entwickeln sich zwei altehrwürdige Wohnviertel zu neuen In-Vierteln.*
- ***Anacostia** 47 liegt am Anacostia River gegenüber dem Navy Yard. Sehenswert ist hier v. a. das Frederick Douglass House.*

028wa-mb

Obwohl bereits 1792 **George Washington** den Grundstein für den Präsidentensitz gelegt hat, residierte er selbst nie hier. Erst sein Amtsnachfolger **John Adams** (1797–1801) regierte als erster Präsident vom White House aus und **Thomas Jefferson** (1801–1809) sorgte damals dafür, dass der Präsidentensitz als Zeichen der Volksnähe der Demokratie öffentlich zugänglich gemacht wurde. Bis zu dem Attentat am 11. September 2001 war eine Besichtigung möglich, seither ist das Weiße Haus für Besucher geschlossen.

Im August 1814 hatten die Briten Washington besetzt und das Weiße Haus niedergebrannt. Nur die äußeren Sandsteinmauern sowie die inneren Ziegelwände waren stehengeblieben. 1815 begann der Wiederaufbau, während dem man u.a. die Außenwände weiß strich und damit einen bleibenden Namen schuf. Im September 1817 konnte Präsident **James Monroe** (1817–1825) wieder einziehen. Im Laufe der Zeit wurde das Haus zu klein und abgesehen von einigen Renovierungen erfolgten 1902/03 unter **Teddy Roosevelt** ein Umbau und eine Erweiterung. Unter **Harry S. Truman** wurde das Weiße Haus ab 1948 einer gründlichen Renovierung unterzogen. Für eine Erneuerung der Inneneinrichtung setzte sich **John F. Kennedy** (1961–1963) ein und auch nachfolgende Präsidenten initiierten immer wieder kleinere Umgestaltungen und Neuerungen.

Das White House ist ein **dreistöckiges Gebäude** mit vorgelagerter Portikus (Säulenhalle) im Norden, der Hauptansichtsseite. Es verfügt über insgesamt 132 Räume: Im Erdgeschoss – **Ground Floor** – befinden sich Verwaltungsräume wie die Library, der Vermeil Room, der China Room, der Map Room oder der Diplomatic Reception Room. Im Hauptgeschoss, dem **State Floor**, sind die repräsentativen Räumlichkeiten: East, Green und Blue Room mit South Portico, Red Room, State Dining und Family Dining Room sowie die Entrance

Unerreichbar für Besucher: das White House

Hall. Im obersten, dem **Second Floor,** verteilen sich die Privatgemächer der Präsidentenfamilie.

Die Räume des State Floors sind wegen ihrer einheitlichen Farbgebung und aufgrund ihrer Ausstattung und Größe beeindruckend. Der **East Room** ist mit 24 x 7 m der größte Raum des Hauses, er dient in erster Linie als Ball- und Empfangssaal. Die Gemälde von George Washington und Dolley Madison, der Gattin des 1809 bis 1817 regierenden 4. US-Präsidenten James Madison, beide von Gilbert Stuart, konnte Dolley beim Brand des Weißen Hauses 1814 in Sicherheit bringen. Im **Green Room** (nach dem Wandanstrich benannt) befindet sich teilweise noch originale Einrichtung des 18. Jh., im **Blue Room** (mit blauem Teppich) hängen die Porträts der ersten acht Präsidenten der USA. Im anschließenden **Red Room** werden auch heute noch kleine Empfänge abgehalten. Bis zu 140 Gäste können im **State Dining Room**, dem zweitgrößten Zimmer im Weißen Haus, bewirtet werden.

Zum **White House Complex** gehören ein Ost- und ein Westflügel, beide sind durch Kolonnaden mit dem White House verbunden. Der **East Wing** entstand 1942 und beherbergt neben dem Büro der First Lady auch die Poststelle und den Besucherzugang. Der **West Wing** – 1902 erbaut und mehrmals um- und ausgebaut – ist die eigentliche Schaltzentrale des Präsidenten und beinhaltet u. a. das berühmte **Oval Office** (Büro), den **Cabinet Room**, den **Roosevelt Room** (Konferenzraum), den **Situation Room** oder den **Press Briefing Room.**

Auf der Südseite befinden sich der zu Veranstaltungen genutzte South Lawn und die **White House Gardens.** Neben einem berühmten Rosengarten und dem Jacqueline Kennedy Garden gehört auch der Gemüsegarten von Michelle Obama („White House Kitchen Garden") dazu.

› 1600 Pennsylvania Ave. NW, Metro „McPherson Square"

2 President's Park/White House Visitor Center ★ [E5]

The Ellipse, eine Grünfläche, verbindet das White-House-Areal mit der National Mall. Mit White House 1 und Lafayette Square 3 bildet die Ellipse den **President's Park**, der als Nationalpark vom National Park Service verwaltet wird. An der Ostflanke der Ellipse, die als Aufstellungsort des „National Christmas Tree" und für vielerlei Veranstaltungen genutzt wird, lädt das **White House Visitor Center** dazu ein, mehr über das Weiße Haus zu erfahren. Das Besucherzentrum, das eher ein **Museum** und ebenfalls Teil des President's Park ist, befindet sich im Department of Commerce Building – einem Bau von 1932. In dessen Baldrige Hall erhält man multimedial Informationen zu den Präsidenten und ihren Familien und in Abteilungen wie „White House as an Office", „White House as a Home", „Stage & Ceremony" oder „Events & Celebration" geht es um den Alltag und die Abläufe im Präsidentensitz. Anhand eines großen Modells mit interaktiven Monitoren können Besucher auf **virtuelle Tour** durch das Gebäude gehen oder im Film „White House: Reflections from Within" (15 Min.) Präsidenten und ihren Familien dabei zuhören, wie sie über ihre Zeit im Weißen Haus erzählen.

› 1450 Pennsylvania Ave. NW, 14th–15th St., www.nps.gov/whho, tgl. 7.30–16 Uhr, mit großem Shop, Metro „Metro Center" oder „Federal Triangle"

LITERATURTIPP

Die erste „First Lady"

Rita Mae Brown schreibt in **„Dolley. Das Leben einer First Lady"** (Rowohlt, 1995) über das Leben von Dolley Madison (1768–1849) und Washingtons Frühzeit. Die Ehefrau des vierten Präsidenten James Madison (1751–1836, Präsident 1809–1817) schildert darin das Leben im noch nicht vollendeten White House während des Zweiten Unabhängigkeitskriegs, jenem Konflikt zwischen dem jungen Staat und den Briten 1812 bis 1816. Dolley gilt als die Präsidentengattin, die die Rolle der „First Lady" als Erste definierte.

EXTRAINFO

Kultur und Skandale

Am Ufer des Potomac River fällt der flache, nachts effektvoll beleuchtete Bau des **John F. Kennedy Center** (s. S. 74) ins Auge. Es wurde 1971 eröffnet und ist eine Hommage an den kulturliebenden Präsidenten. Bis Herbst 2019 wird es modernisiert und um die Bühne The REACH (https://reach.kennedy-center.org) erweitert. Außerdem kamen bereits Grünanlagen dazu, eine Videowand im Freien und eine Promenade zum Potomac River hin.

Weniger positiv blieb der **Watergate Complex** in Erinnerung. In einem der Wohn- und Bürobauten hatte das Democratic National Committee seinen Sitz, das 1972 mit der „Watergate-Affäre" für Schlagzeilen sorgte. Während des Wahlkampfs hatten Mitarbeiter von Präsident Nixon versucht, das Büro der Demokratischen Partei abzuhören und waren geschnappt worden. Carl Bernstein und Robert Woodward, Journalisten der Washington Post, deckten anschließend den Vertuschungsversuch der Regierung auf, der Nixon 1974 zum Rücktritt zwang.

•1 [C5] **Watergate Complex,** 2500/2600 Virginia Ave. NW, 600/700 New Hampshire Ave. NW

3 Lafayette Square ★ [E5]

Flankiert wird der White House Complex im Osten vom **Treasury Building** – mit einer Statue von Alexander Hamilton vor der Südfassade – und im Westen vom **Eisenhower Executive Office Building.** Läuft man daran vorbei, fällt der Blick auf das **Blair House** (1651 Pennsylvania Ave. NW), das Gästehaus des Präsidenten, 1824 erbaut.

Jenseits der Pennsylvania Avenue erstreckt sich der **Lafayette Square** mit einem 1853 geschaffenen **Reiterdenkmal Andrew Jacksons** im Zentrum. Der 7. Präsident (1829–1837 im Amt) war es, der 1815 die letzte große Schlacht bei New Orleans gegen die Engländer gewonnen hatte.

An den vier Platzecken erinnern **Statuen** an die Europäer, die sich im Laufe des Unabhängigkeitskriegs gegen England verdient gemacht hatten: **Friedrich Wilhelm von Steuben** (1730–1794), der für George Washington in Valley Forge die Armee neu organisiert und damit maßgeblich zum Sieg gegen die Briten beigetragen hatte, und der polnische **General Tadeusz Kościuszko** (1746–1817).

Der **Marquis de Lafayette** (1757–1834) war entscheidend an der Kapitulation der Briten bei Yorktown 1781 beteiligt gewesen und hatte als leidenschaftlicher Verfechter des Freiheitsgedankens 1789 der französischen Nationalversammlung einen Entwurf zur Erklärung der Menschenrechte vorgelegt.

Jean-Baptiste-Donatien de Vimeur, Comte de Rochambeau (1725–1807), schließlich hatte sich als Oberbefehlshaber einer Hilfstruppe bei Yorktown 1781 einen Namen gemacht.

Am nördlichen Platzrand fällt das **Hay-Adams Hotel** (s. S. 125) ins Auge, 1928 im Italianian Renaissance Style erbaut und bis heute eine der Top-Herbergen der Stadt.

› Metro „McPherson Square“

4 St. John's Episcopal Church ★ [E4]

Gegenüber dem Hotel, an der 16th St., steht die St. John's Church. Die 1815 erbaute Kirche wird wegen ihrer Nähe zum White House auch „Church of the Presidents“ – Hauskirche der Präsidenten – genannt. Ein Platz in Reihe 54 gehört dem jeweils amtierenden Staatsoberhaupt.

Wie am Wiederaufbau von Capitol und Weißem Haus nach dem Brand 1814 war auch an der Kirche der Architekt **Benjamin Henry Latrobe** beteiligt. Berühmt sind die **Glasfenster,** die teilweise von der Bauhütte der Kathedrale von Chartres hergestellt wurden. Die **Glocke** im Turm soll 1822 vom Sohn des berühmten Helden des Unabhängigkeitskriegs Paul Revere aus Boston gegossen worden sein.

› 1525 H St. NW/Lafayette Sq., www.stjohns-dc.org, jeden 1. Mi. im Monat kostenlose Mittagskonzerte, So. 11 Uhr meist St. John's Choir, Metro „McPherson Square“

EXTRAINFO

Hinweis

Alle Memorials an der Mall sind bei Tageslicht **frei zugänglich.** Park Ranger veranstalten Touren oder geben Erläuterungen. Die nächstgelegenen **Metro-Stationen** für alle Memorials sind „Smithsonian“ und „Federal Triangle“.

National Mall und Umgebung

Schon Washingtons erster Stadtplaner, Pierre Charles L'Enfant, hatte eine parkähnliche „Grand Avenue“ im Zentrum der neuen Hauptstadt vorgesehen. Allerdings sollte es bis zur Verschönerungskampagne „City Beautiful“ um 1900 dauern, bis man sich seiner Idee erinnerte und sie umsetzte. Damals entstand der heute als „National Mall“ bekannte 4,8 km lange und 500 m breite Grünstreifen zwischen U.S. Capitol und Lincoln Memorial.

Während man unter „The Mall“ eigentlich nur die Rasenfläche zwischen 3rd und 14th Street versteht, bezeichnet „National Mall“ das ganze Areal, das sich vom Capitol bis zum Potomac River erstreckt und als „National Mall and Memorial Parks“ dem National Park Service unterstellt ist. Der **westliche Teil,** jenseits des Washington Monument, gehört den Memorials, im **östlichen Teil** sind elf Museen (plus Besucherzentrum) der insgesamt 19 Einrichtungen der Smithsonian Institution (s. S. 26) zu finden. Im äußersten Osten überragt das U.S. Capitol die Mall, das Lincoln Memorial bildet den westlichen Eckpunkt der Achse und das Washington Monument etwa die Mitte.

Die Mall ist seit ihrer Gründung ein Platz für **Veranstaltungen aller Art,** für Protestaktionen und politische Kundgebungen wie den berühmten Marsch auf Washington 1963 oder die Amtseinführung von Barack Obama am 20. Januar 2009 mit zwei Millionen Zuschauern vor Ort. Jährliche Events wie die St. Patrick's Day Parade, das Cherry Blossom Festival, das Smithsonian Folklife Festival, die

EXTRATIPP

Denkmal für Einstein

Am Nordwestrand der National Mall, ein wenig versteckt im Grünen und wenig beachtet, steht vor der Akademie der Wissenschaften (Constitution Ave./21st St.) die Statue des Physikers und Begründers der Relativitätstheorie, Albert Einstein. Der Porträtbildhauer Robert Berks hat ihn **überdimensional groß** und **sehr modern,** entspannt auf drei Stufen sitzend, dargestellt. Er hält ein Blatt in der Hand, auf dem seine wichtigsten Erkenntnisse stehen, ihm zu Füßen liegt eine Himmelskarte, die die Konstellation vom 22. April 1979 um 12 Uhr mittags anzeigt – dem Zeitpunkt, als das Denkmal eingeweiht wurde.

•2 [C6] **Albert-Einstein-Denkmal,** Akademie der Wissenschaften, Constitution Ave./21st St.

Independence Day Celebration oder die Black Family Reunion Celebration finden hier statt, es gibt Open-Air-Kinovorstellungen und der Marine Corps Marathon kreuzt die Mall. Etliche weitere Denkmäler sind in Planung: Als nächste werden das **Dwight D. Eisenhower Memorial** (2020) und das **National World War I Memorial** (Nov. 2021, www.worldwar1centennial.org) im Pershing Park östlich der Ellipse eröffnen.

› **Infos:** www.nps.gov/nama

5 Vietnam Veterans Memorial ★★ [C6]

Diese 1982 eingeweihte Gedenkstätte zu Ehren der Soldaten, die im Vietnamkrieg gekämpft haben, kurz „The Wall" genannt, befindet sich zwischen Constitution Gardens und Reflecting Pool im Nordwesten der Mall. Es handelt sich um ein schlichtes, aber eindrucksvolles Denkmal von **Maya Ying Lin**, einer Amerikanerin mit chinesischen Wurzeln. Schwarze Granitplatten bilden eine rund 75 m lange, sanft geschwungene Wand in einer Achse mit Lincoln Memorial und Washington Monument. Die Platten tragen über 58.000 Namen von im Vietnamkrieg gefallenen oder vermissten US-Bürgern, nach Sterbedaten geordnet.

Besonders an öffentlichen Feiertagen wie dem 4. Juli (Unabhängigkeitstag) ist der Besucherandrang groß und Erinnerungsstücke wie Briefe, Schmuck, Kleidung oder Blumen werden niedergelegt. Sie werden von Zeit zu Zeit eingesammelt und kommen zum Teil ins National Museum of American History.

Südlich der Wand sind zwei **Skulpturengruppen** zu sehen: Eine zeigt drei Soldaten – ein Latino, ein Weißer und ein Afroamerikaner – und ist von Frederick E. Hart. Sie wurde 1984 hinzugefügt. Eine zweite Gruppe mit Frauenfiguren stammt von Glenna Goodacre (1993) und erinnert an den Dienst von Frauen in der Armee. Sie wird auch „Vietnam Women's Memorial" genannt.

› Constitution Ave./H. Bacon Dr., www.nps.gov/vive

6 Lincoln Memorial ★★★ [C6]

An prominenter Stelle, am Potomac River, genau auf einer Achse mit Washington Monument und Capitol und nur wenige Schritte südwestlich vom Vietnam Veterans Memorial, überragt das Lincoln Memorial das Geschehen und bildet zugleich den Endpunkt der Mall. Das eindrucksvolle, einem Tempel gleiche Denkmal ist dem bis heute am meisten verehrten Präsidenten in der Geschichte der USA gewidmet.

Obwohl bereits 1867 geplant, begann der New Yorker Architekt Henry Bacon erst 1914 mit der Ausführung des Monuments, das 1922 vollendet wurde. Bacon orientierte sich dabei am antiken **Athener Parthenon** und ließ zur Konstruktion eine Vielzahl unterschiedlicher amerikanischer Marmorsorten heranschaffen. Hinauf zu dem Marmorbau – von wo aus sich ein grandioser Ausblick bietet – führen 58 Stufen, stellvertretend für Lincolns Alter. Die 36 gut 13 m hohen dorischen Säulen stehen für die 36 Bundesstaaten, die es zur Zeit Lincolns gab. Bei der Vollendung des Baus waren es allerdings bereits 48 und daher beschloss man, die **Namen aller 48 Staaten** in die Treppenwangen einzuritzen. Die erst 1959 der Staatenunion beigetretenen Staaten **Alaska** und **Hawaii** befinden sich auf Extratafeln am Fuße der Treppe.

Im Inneren dominiert ein sechs Meter hohes und fast ebenso ausladendes Sitzbild von Abraham Lincoln, entworfen und ausgeführt von dem berühmten Bildhauer **Daniel Chester French** (1850–1931). Die Statue setzt sich aus 28 nahtlos aneinandergefügten Blöcken aus weißem Marmor aus Georgia zusammen. Diese waren in vierjähriger Arbeit von den Bildhauer-Brüdern Piccirilli aus New York in Steinbrüchen grob behauen worden. Die Figur wird gerahmt von **Wandgemälden**, die Freiheit, Gerechtigkeit, Einigkeit, Brüderlichkeit und Fürsorge darstellen, außerdem sind an der Nord- und Südwand zwei berühmte **Reden** eingeritzt: Links der Text der berühmten Gettysburg Address von 1864 – in Gettysburg hatte die entscheidende Schlacht des Amerikanischen Bürgerkriegs stattgefunden – und rechts Auszüge aus Lincolns Antrittsrede von 1865,

030wa-mb

als er zum zweiten Male zum Präsidenten gewählt worden war. Darüber befinden sich Bilder von Jules Guerin: im Süden ein Engel der Wahrheit, der einen Sklaven befreit, gegenüber die Einheit von Nord und Süd.

Vor dem Memorial hielt **Martin Luther King Jr.** im Jahr 1963 vor über 250.000 Zuhörern seine legendäre Rede **„I have a dream“**. Bis heute ist das Memorial ein beliebter Versammlungsplatz, beispielsweise beim Konzert mit Bruce Springsteen, Arlo Guthrie, Pete Seeger, Garth Brooks und Stevie Wonder nach der Amtseinführung von Barack Obama 2009.

› 23rd St. SW/Independence Ave. SW, www.nps.gov/linc. **Bis 2022 mögliche Zugangsbeschränkungen** wegen Renovierungen und Ergänzung neuer Ausstellungsbereiche im Untergeschoss.

Überlebensgroß und sehr eindrucksvoll thront Lincoln in dem ihm gewidmeten Memorial

Abraham Lincoln, „Erster unter Gleichen“

Für die Amerikaner ist Abraham Lincoln der „Primus inter Pares“ - der Erste unter den Präsidenten, der wichtigste und bedeutendste Mann in diesem Amt und zugleich ein Musterbeispiel für die Verwirklichung des „amerikanischen Traums“. Lincoln hatte sich vom ungebildeten Bauernjungen zum angesehenen Anwalt und Politiker hochgearbeitet, stets geleitet von einem unbestechlichen, demokratisch-freiheitlichen Grundgedanken und in der festen Überzeugung von der Gleichheit aller Menschen. So setzte er den 13. Verfassungszusatz, die Abschaffung der Sklaverei, durch und war sich überdies sicher, dass die Union nur als Ganzes überlebensfähig sei: „A House divided against itself cannot stand!“.

Geboren am 12. Februar 1809 in Hodgenville (Kentucky), zog die Familie, wie viele Siedler, westwärts und siedelte sich 1830 in Illinois an. Dem Jungen blieb kaum Zeit für die Schule, er musste zu Hause mithelfen und arbeitete später als Holzfäller und Flussschiffer. Doch Lincoln war lernbegierig und bildete sich in Eigenregie weiter. Seine Belesenheit und sein offenes Wesen sorgten später dafür, dass der schlacksige Riese, der seine Zeitgenossen um Kopfeslänge überragte, als Geschichtenerzähler, Witzbold und brillianter Redner beliebt war.

Er wurde im Selbststudium Rechtsanwalt und begann 1834 seine politische Laufbahn als Abgeordneter im Parlament von Illinois. 1837 zog Lincoln in die Hauptstadt Springfield, um näher am politischen Geschehen zu sein und als Anwalt arbeiten zu können. In die Landespolitik mischte er sich bei Gründung der Republikanischen Partei 1856 ein. Er machte sich besonders als Gegner der Sklaverei einen Namen und seine Wortgefechte mit seinem demokratischen Gegenspieler, Stephen A. Douglas, wurden legendär. Zwar scheiterte Lincoln 1858 bei der Senatswahl, dafür wurde er 1860 als republikanischer Präsidentschaftskandidat nominiert und am 6. November 1860 zum 16. Präsidenten - und ersten Republikaner im Amt - gewählt.

Wer Fotos von Lincoln vor und zum Ende seiner Amtszeit betrachtet, spürt wie sehr der Konflikt zwischen Nord und Süd - geschürt von der Sklavenfrage - an ihm gezehrt hat. Der friedliebende Mann musste mit ansehen, wie ein blutiger Bürgerkrieg 1861 bis 1865 die Nation an den Rand des Ruins trieb. Nach seiner Wiederwahl am 8. November 1864 und der Kriegsentscheidung zugunsten der Union bemühte sich Lincoln in eindrucksvollen Reden um „Schadensbegrenzung“ und darum, die Wunden des Krieges vergessen zu machen, und setzte dazu die Abschaffung der Sklaverei durch. Die Tat eines verblendeten Südstaatenanhängers namens John Wilkes Booth machte seine Pläne jedoch zunichte. Am 14. April 1865, fünf Tage nach der Kapitulation der Südstaaten und damit dem Ende des Bürgerkriegs, schoss der Schauspieler während einer Theateraufführung im Ford's Theatre 37 *in Washington auf Lincoln. Am nächsten Morgen um 7.22 Uhr erlag Abraham Lincoln seiner Verwundung.*

› ***Lesetipp: „Abraham Lincoln. The Prairie Years and the War Years“***, *Carl Sandburg, 1954 („Abraham Lincoln : Das Leben eines Unsterblichen“, 1958)*

7 Korean War Veterans Memorial ★★ [C6]

„Freedom is not free!", lautet die Aufschrift auf dem Korean War Veterans Memorial, das Bill Clinton und Kim Young Sam – der damalige Präsident von Südkorea –1995 ein Stückchen südöstlich des Lincoln Memorial einweihten. Es erinnert an den Koreakrieg, in dem von 1950 bis 1953 1,5 Mio. Soldaten kämpften und mindestens 37.000 umkamen.

Das **Denkmal ist zweiteilig:** Im „Field of Service" hat Bildhauer Frank Gaylord eine 19 Soldaten umfassende Patrouille-Einheit in einem Minenfeld höchst individuell (man betrachte die Gesichter!) und beeindruckend dargestellt. Den zweiten Teil bildet eine knapp 50 m lange, schwarz-polierte **Granitwand**, die mit sandgestrahlten Soldatenporträts und den Namen der 22 UN-Nationen, die am Krieg beteiligt waren, versehen ist. Durch die Spiegelung in der Wand verdoppelt sich die Zahl der Soldaten auf 38, was symbolisch steht für den 38. Breitengrad, die Grenze zwischen Nord- und Südkorea 1953 und außerdem für die 38 Monate, die der Krieg gedauert hat.

› Daniel French Dr. SW/Independence Ave. SW, www.nps.gov/kwvm

031wa-mb

Realistische Kriegserinnerung: das Korean War Veterans Memorial

8 Martin Luther King Jr. Memorial ★★ [D6]

Südöstlich des Korea Memorial, an der Independence Ave., wurde Ende August 2011 als bis dato letztes Denkmal das von M. L. King eingeweiht. Das dem großen schwarzen Bürgerrechtler gewidmete, halbmondförmige Areal am Ufer des Tidal Basin hat zwei Zugänge: Vom West Basin Drive geht es durch den „**Moun-**

032wa-mb

Martin Luther King Jr. erhielt erst 2011 ein Memorial an der Mall

033wa-Washington.org

tain of Despair", zwei große Felsblöcke, vom Tidal Basin Entrance kommend, steht man der **Statue von Martin Luther King Jr.** gegenüber.

Der rund 10 m hohe **„Stone of Hope"** mit dem Porträt Kings, geschaffen von dem chinesischen Künstler Lei Yixin, ist der Ankerpunkt der Anlage und verkörpert Kings Ausspruch „With this faith we will be able to hew out of the mountain of despair a stone of hope". Er tritt optisch aus dem zweigeteilten Mountain of Despair heraus und gibt somit Hoffnung. Die Elemente Stein, Wasser und Bäume sind Symbole für Gerechtigkeit, Demokratie und Hoffnung. An den Wänden zum Tidal Basin hin befinden sich **16 Inschriften,** meist Zitate aus Reden oder Predigten von King zwischen 1955 und 1968.

› 1964 Independence Ave. SW/W. Basin Dr., www.nps.gov/mlkm, mit Visitor Center und Shop

In Gedenken an einen besonderen Präsidenten: F.D. Roosevelt

9 Franklin D. Roosevelt Memorial ★★ [D7]

Läuft man vom Martin Luther King Jr. Memorial südwärts entlang dem Ufer des Tidal Basin, einer Bucht am Potomac River, folgt das Monument für Franklin D. Roosevelt. Mit einem „walking environmental experience", einem **begehbaren Kunstwerk**, an dem verschiedene Künstler wie George Segal involviert waren, wurde Roosevelt 1997 gewürdigt. Dieses Memorial ist ein Konglomerat aus einzelnen Bauteilen, den **„Four Rooms"**. Jeder davon beschäftigt sich mit einer der vier Amtsperioden des insgesamt von 1933 bis 1945 regierenden 32. Präsidenten Franklin D. Roosevelt (1882–1945).

Ausgehend von einem Besucherzentrum führt der Weg durch die einzelnen „Räume", in denen sich mehrere **Skulpturen** des Ex-Präsidenten und seiner Frau Eleanor (im vierten) befinden, darunter berühmte Plastiken von George Segal im Übergang zwischen erstem und zweitem Bereich. Es wird an Roosevelts politische Verdienste, v.a. den **New Deal** – das Arbeitsbeschaffungsprogramm nach der Depression –, erinnert. Außerdem sind Zitate aus **Reden** Roosevelts, der als erster Präsident regelmäßig über das Radio zum Volk sprach, zu lesen.

Wasser spielte bei der Gestaltung des Memorial eine große Rolle, daneben kamen verschiedene Steinsorten zum Einsatz. Unter Präsident Clinton wurde eine **Bronzeskulptur** hinzugefügt, die Roosevelt erstmals in seinem **selbstkonstruierten Rollstuhl** zeigt und für einiges Aufsehen sorgte. Der Präsident hatte ab dem Alter von 39 Jahren an Polio gelitten, 24 Jahre lang, aber er hatte es clever verheimlicht.

› 400 W. Basin Dr. SW, www.nps.gov/frde

034wa-Washington.org

⑩ Thomas Jefferson Memorial ★★ [E7]

Weiter am Seeufer entlang erreicht man das Jefferson Memorial. Es steht in axialem Bezug zum Weißem Haus und gewährt von den Stufen aus einen guten Blick dorthin. Lincoln Memorial, White House und Jefferson Memorial bilden die Ecken eines gleichschenkligen Dreiecks.

Das **weiße Marmormonument** – auf den ersten Blick ein architektonischer Mix aus Athener Parthenon und römischem Pantheon – wurde zum 200. Geburtstag des dritten US-Präsidenten am 13. April 1943 eingeweiht, vier Jahre nach der Grundsteinlegung durch Franklin D. Roosevelt. John Russell Pope hatte sich bewusst an Jeffersons architektonischen Vorlieben orientiert (dieser hatte stets das römische Pantheon bewundert) und die vom Präsidenten erstmals in Monticello, seinem Wohnsitz in Virginia, eingesetzte Rotunde als Bauform gewählt.

Der Präsident (1743–1826, im Amt 1801–1809) war ein Multitalent – Philosoph, Politiker, Architekt, Musiker, Literat, Naturwissenschaftler, Diplomat, Erfinder und Farmer in einer Person. Er ist im Inneren des Baus mit einer **überlebensgroßen Bronzestatue** auf schwarzem Granitsockel verewigt. An den Wänden befinden sich wichtige Zitate seiner politischen Karriere, im Zusammenhang mit der Unabhängigkeitserklärung („We hold these truths to be self-evident"), der Religionsfreiheit („Almighty God hath created the mind free"), der Sklavenbefreiung („God who gave us life gave us liberty") und zudem seine Meinung bezüglich der Stabilität der Demokratie („I am not an advocate for frequent changes"). Jefferson wollte weniger in seiner Rolle als Präsident denn als Mitverfasser der Unabhängigkeitserklärung in Erinnerung bleiben. Eine Ausstellung im Untergeschoss gibt Infos zu seinem Leben und Wirken.

› 701 E Basin Dr. SW, www.nps.gov/thje

Das Jefferson Memorial ist besonders am Abend eindrucksvoll

11 U.S. Holocaust Memorial Museum ★ [E6]

Bereits die **Architektur** des 1993 eröffneten Holocaust Memorial Museum, errichtet nach Plänen des deutschstämmigen Architekten James Ingo Freed (Pei Cobb Freed & Partners), ist außergewöhnlich. Zum einen wegen der Farb- und Materialkontraste, zum anderen aufgrund der einem Konzentrationslager nachempfundenen Wachttürme.

Mindestens ebenso eindrucksvoll werden mit der **Dauerausstellung** „The Holocaust“ auf fünf Etagen unter Einsatz verschiedenster Medien die Stationen der systematischen Judenvernichtung von 1933 bis zur Auflösung der Konzentrationslager und der Zeit danach dargestellt – sehr direkt und sehr erschütternd. Beim Eintritt bekommt man eine „Identity Card“ mit Infos zu einer realen Person, die im Holocaust umkam und beim Rundgang durch das Museum taucht diese dann immer wieder auf.

› 100 Raoul Wallenberg Pl. SW/14th St. SW, www.ushmm.org, tgl. 10–mind. 17.30 Uhr, Eintritt frei. Nicht empfehlenswert für Kinder unter 11 Jahren. Von März bis Aug. ist es erforderlich, sich vor dem Besuch (kostenlose) zeitgebundene Eintrittskarten zu besorgen. Dies kann ab 9.45 Uhr am Eingang 14th St. oder auf der Museums-Website ($ 1 Gebühr) geschehen, Sicherheitskontrollen.

EXTRATIPP

Geld wie Heu

Gegenüber dem Holocaust Memorial Museum 11 befindet sich das **Bureau of Engraving & Printing** (s. S. 60), die Institution, die seit 1877 allein das Geld für die USA herstellt und außerdem offizielle Dokumente druckt. Eine Filiale gibt es in Fort Worth/Texas. Von einer Galerie aus kann man zusehen, wie Geldnoten gedruckt werden.

12 National World War II Memorial ★ [D6]

Das 2004 eingeweihte National World War II Memorial am Nordende des Tidal Basin zwischen Washington Memorial im Osten und Lincoln Memorial im Westen gestaltete der aus Österreich stammende Architekt **Friedrich St. Florian.** Von der 17th St. NW führt eine Treppe vorbei an Bronzerelief-Tafeln mit Kriegszenen hinunter zu einem flachen Becken mit einer Wasserfläche von ca. 100 m Durchmesser, dem **Rainbow Pool** mit großem, am Abend beleuchtetem Springbrunnen. Umgeben wird dieses Becken auf zwei Seiten beinahe halbkreisförmig von insgesamt **56 Säulen** und jeweils einem Pavillon in der Mitte. Die linke Hälfte ist dem Kriegsschauplatz Pazifik, die rechte dem Atlantik gewidmet. Den Säulen vorgelagert ist die **Freedom Wall**, wo goldene Sterne die 400.000 US-Soldaten, die im Zweiten Weltkrieg in Europa und im Pazifik getötet wurden, repräsentieren.

› 17th St. SW/Home Front Dr. SW, www.nps.gov/nwwm

13 Washington Monument ★★★ [E6]

Von Weither sichtbar überragt das Washington Monument die National Mall. Der Obelisk ist nicht nur ein Wahrzeichen der Stadt, es erinnert zudem an einen der bedeutendsten Gründungsväter der USA. Für Besucher lohnt ein Besuch vor allem, weil der Ausblick von oben grandios ist.

035wa-mb

Der fast im Zentrum der National Mall stehende, 169 m hohe **Obelisk** aus Marmor, Granit und Gneisgestein ist dem ersten Präsidenten der USA, George Washington (im Amt 1789–1797) gewidmet. Das Monument war zwar bereits Bestandteil des ersten Stadtplans von Pierre L'Enfant von 1791 (s. S. 90), Baubeginn war jedoch erst 1848 und zwar nach einem Entwurf von einem der ersten in Amerika ausgebildeten Architekten: **Robert Mills**. Am **4. Juli 1848** wurde im Beisein von 20.000 Menschen der Grundstein gelegt.

Mangels Geld und wegen politischer Unruhen kam es 1854 erstmals zum Baustillstand und ein Jahr später starb Mills. Querelen unter den Zuständigen sowie der Bürgerkrieg verzögerten das Vorhaben weiter und erst 1876 beschloss der Kongress, die Finanzierung zu übernehmen. Dem **U.S. Army Corps of Engineers** unter Leitung von **Lt. Col. Thomas L. Casey** wurde die schwierige Aufgabe übertragen, das Denkmal zu vollenden.

Casey beschloss, die ursprünglich vorgesehenen 183 m aus strukturellen Gründen auf 169 m zu verringern und die Wandstärke nach oben hin zu reduzieren. Auch andere Details wurden weggelassen, um Geld zu sparen und schneller bauen zu können. Als schwierig erwies sich die Anbringung des oberen Abschlusses,

Alle pilgern hin: zum Washington Monument im Hintergrund

KLEINE PAUSE

Stärkung zwischendurch

Das **Ronald Reagan Bldg. & International Trade Center** ist eines der größten öffentlichen Gebäude der Stadt. Neben dem Food Court, der für Frühstück oder Snack ideal ist, lohnen dort Veranstaltungen und Ausstellungen. Auf der vorgelagerten Woodrow Wilson Plaza findet im Sommer freitags von 11 bis 15 Uhr auch ein Wochenmarkt statt.

• 3 [E5] **Ronald Reagan Bldg. & International Trade Center,** 1300 Pennsylvania Ave. NW, www.itcdc.com, Eintritt frei, tgl. 5–2 Uhr (Gebäude), Metro „Federal Triangle"

eine **Aluminiumkappe,** die Inschriften von Namen und Daten aus der Baugeschichte sowie Zitate trägt, im Osten z. B. „Laus Deo" („Gelobt sei Gott"). Im Inneren wurden an die **200 Gedenksteine** angebracht, zu Ehren von Einzelpersonen, Organisationen, Städten und Staaten – allesamt Sponsoren, die zur Realisierung des Monuments beigetragen hatten.

1884 war der Bau endlich fertig und am **21. Februar 1885,** einen Tag vor George Washingtons Geburtstag, folgte die **feierliche Eröffnung.** Damals war das Monument mit seinen knapp 170 m noch der höchste Bau der Welt. 1888 wurde der Aufstieg über 897 Stufen bereits durch einen Aufzug erleichtert, der zwölf Minuten zur Spitze brauchte und dampfbetrieben war.

Heute geht es in gut einer Minute hinauf zur **Aussichtsplattform** auf etwa 150 m Höhe, von wo man die Aussicht genießen kann und auf zwei Ebenen auch **Ausstellungen** und **Fotos zur Baugeschichte** findet. 2011 nach einem Erdbeben geschlossen, wurde das Monument unter Millionenaufwand bis 2014 renoviert und erdbebensicher gemacht. Ende September 2016 wurde es wegen Mängeln am Aufzug erneut geschlossen und soll nun voraussichtlich **ab August 2019 wieder zugänglich sein.**

› 15th St. NW, Constitution Ave. NW–Independence Ave. SW, www.nps.gov/wamo

Die Smithsonian Institution: Wissen für alle

*Die Smithsonian Institution geht auf eine Spende des britischen Chemikers und Gelehrten **James Smithson** zurück, der bei seinem Tod 1829 den USA testamentarisch Geld für die Erweiterung und Verbreitung von Wissen vermachte, obwohl er nie in Amerika gewesen war. 1846 wurde die **Smithsonian Institution** offiziell gegründet. Sie umfasst heute neben **19** Museen und Galerien neun Forschungseinrichtungen und den National Zoo **45**. Der Großteil (11) befindet sich an der National Mall, sieben Sehenswürdigkeiten, darunter der Zoo, sind in der Washington Metro Area zu Hause und zwei in New York (American Indian Museum Heye Center und Cooper-Hewitt Museum). Die Institution finanziert sich bis heute über ihre Mitglieder und aus Spenden, deshalb ist der **Eintritt zu allen Museen** (meist tgl. 10–17.30 Uhr) **frei.***

▷ The Castle ist der erste Anlaufpunkt für Besucher

14 Smithsonian Institution Building – The Castle ★ [F6]

Der Westteil der National Mall zwischen Capitol und Washington Monument ist v.a. wegen der Museen der **Smithsonian Institution** sehenswert. Die Sammlung befand sich ganz zu Anfang im **Smithsonian Castle**, einem schlossartigen Bau aus rotem Sandstein. Heute bietet hier ein Informationszentrum Gelegenheit, sich einen Überblick zu verschaffen.

Dem Südeingang ist der **Enid A. Haupt Garden** vorgelagert und innen befindet sich ein Café, beides ideal für eine Pause. Der Gebäudeentwurf stammt von James Renwick, Jr., dem Architekten, der auch die St. Patrick's Cathedral in New York City erbaute. Im Castle wird ein Kurzvideo gezeigt und es gibt einige Ausstellungen zu den einzelnen Museen und der Smithsonian Institution.

Blickt man Richtung Capitol, fällt der ebenfalls eindrucksvolle Bau des **Smithsonian Arts & Industries Building** von 1881 ins Auge, einst Sitz des U.S. National Museum. Es wird bereits seit mehreren Jahren renoviert, ist aber bei Sonderausstellungen teilweise zugänglich.

› 1000 Jefferson Dr. SW/19th St. SW, www.si.edu, tgl. 8.30–17.30 Uhr, Metro „Smithsonian"

15 National Museum of African Art ★ [F6]

Durch die Gartenanlage südlich des „Castle" erreicht man eines der kleineren, spezielleren Museen der Smithsonian Institution, das zudem, da im Untergrund gelegen, kaum auffällt: das National Museum of African Art. Es beherbergt eine umfangreiche Sammlung **afrikanischer Kunst und Kulturgegenstände**, wobei zu den Highlights der Dauerausstellung Kunstwerke aus Benin, Töpferarbeiten aus Zentralafrika, Fundstücke der Ausgrabungen einer nubischen Stadt und Gebrauchsobjekte aller Art gehören. Es gibt außerdem eine Bibliothek und Fotoarchive und es finden Wechselausstellungen, Workshops etc. statt.

› 950 Independence Ave., http://africa.si.edu, tgl. 10–17.30 Uhr, Eintritt frei, Metro „Smithsonian"

036wa-Washington.org

16 Freer Gallery of Art & Arthur M. Sackler Gallery ★ [F6]

Die **Arthur M. Sackler Gallery** – 1987 eingerichtet – und die **Freer Gallery of Art**, 1923 eröffnet, gehören als „Freer|Sackler“ zusammen und sind auch unterirdisch durch Ausstellungsflächen verbunden. Zusammen bilden sie eine hochkarätige Sammlung von **asiatischer Kunst** mit sehenswerten Dauer- und Wechselausstellungen.

Zusätzlich bietet die Freer Gallery einen Querschnitt der amerikanischen Kunst des späten 19. Jh., wohingegen eine Spezialität der Sackler Gallery zeitgenössische asiatische Kunst ist. Beide Museen verfügen über gut sortierte Museumsläden und bieten eine Vielfalt an Veranstaltungen (Filme, Musik, Workshops, Vorträge u. a.) an.

› **Arthur M. Sackler Gallery:** 1050 Independence Ave. SW/12th St., **Freer Gallery of Art:** Jefferson Dr./12th St. SW, beide: tgl. 10–17.30 Uhr, www.asia.si.edu, Metro „Smithsonian“

17 National Museum of African American History and Culture ★★★ [E6]

Auf dem letzten freien Grundstück an der National Mall eröffnete im Herbst 2016 das National Museum of African American History and Culture als 19. Museum der Smithsonian Institution.

Schon das Äußere des NMAAHC ist auffällig: Der Bau wurde vom Büro Freelon Adjaye Bond/SmithGroup – Davis Brody Bond zeichnet auch für das 9/11 Museum in New York verantwortlich – geplant. Entstanden ist ein Baukörper, der durch seine **bronzene Metallfassade mit zackigen Formen** auffällt – ein faszinierender Kontrast zum National Museum of the American Indian 23 am anderen Ende der Mall mit seinem durch Rundungen geprägten Baukörper aus Natursandstein.

Die **Ausstellungsräume** verteilen sich auf fünf Ebenen bzw. 38.000 m² Fläche, die meisten davon unterirdisch. Die Besichtigung beginnt im zweiten Untergeschoss, wo es um

100wa-DouglasRemleySmithsonian

Sklaverei und *civil rights* geht. Über die Bereiche zum Thema *segregation* heute und Gesellschaft und Kultur der Afroamerikaner geht es nach oben.

Zu sehen sind u.a. **monumentale Ausstellungsstücke** wie die Nachbauten eines Sklavenschiffs oder einer Sklavenhütte aus North Carolina, der originale rote Cadillac von Chuck Berry oder ein Schal von Harriet Tubman, die im 19. Jh. Sklaven bei der Flucht geholfen hatte. **Tondokumente, Fotos, Kunstwerke** und eine **„Timeline“** machen die Besichtigung, die an beachtlichen 36.000 Ausstellungsstücken vorbeiführt, abwechslungsreich, informativ und spannend.

› 1400 Constitution Ave./14th St. NW, http://nmaahc.si.edu, tgl. 10–17.30 Uhr, Eintritt frei, aber besser online zeitgebundene Tickets vorbestellen, da „walk-ins“ nur Mo.–Fr. ab 13 Uhr möglich sind. Sweet Home Café und Shop.

18 National Museum of American History ★★★ [E6]

Dieses Museum zählt zu den meistbesuchten Museen der Hauptstadt. Es ist einerseits wegen seiner Größe und Vielfalt überwältigend, andererseits faszinierend, da es von allem etwas bietet und einen Überblick über die sozialen, kulturellen, wissenschaftlichen und technischen Errungenschaften der USA in ihrer über 200-jährigen Geschichte gibt.

Das historische Museum präsentiert eine enorm breite Palette an Ausstellungsstücken: Möbel, Haushaltswaren, Silber, Porzellan, Textilien, Münzen etc. Das Spektrum reicht von einem Kompass der Lewis-und-Clark-Expedition (die erste amerikanische Überlandexpedition zur Pazifikküste, 1804–1806) über eine Duke-Ellington-Sammlung bis hin zu einer Abteilung mit Kleidern der First Ladys. Im ersten Stock befindet sich eine der ältesten Flaggen der USA, die originale **Star Spangled Banner** aus dem frühen 19. Jh. Die Fahne wehte 1814 über Fort McHenry bei Baltimore und zeigte weithin sichtbar an, dass man die britische Belagerung überstanden hatte.

Hervorhebenswert ist auch die Abteilung **„American Stories“**, die von einem Spazierstock von Benjamin Franklin und Lincolns Taschenuhr über Muhammad Alis Boxhandschuhe und Kermit the Frog bis hin zu Starköchin Julia Childs Küche reicht. Ein weiteres Ausstellungs-Highlight ist **„America on the Move“**. Der Besucher kann hier anhand von in 1:1-Dioramen und Originalfahrzeugen die Entwicklung des Verkehrs bis heute nachvollziehen. Aufgrund der Größe der Ausstellung sind immer wieder einzelne Abteilungen geschlossen. Zuletzt wurde der West Wing neu gestaltet.

› Constitution Ave./14th St. NW, http://americanhistory.si.edu, tgl. 10–17.30 Uhr (zu best. Terminen bis 19.30 Uhr), Eintritt frei, Museumsladen sowie Stars & Stripes Cafe und Constitution Cafe, Metro „Federal Triangle“

◁ Blick ins National Museum of African American History and Culture

19 National Museum of Natural History ★★ [F6]

Wieder Richtung Osten unterwegs, wartet neben dem History Museum ein Kontrastprogramm für Groß und Klein: Im National Museum of Natural History gibt es mehr als 120 Mio. **naturwissenschaftliche Objekte** aus den Bereichen Geologie, Biologie, Anthropologie und Archäologie zu sehen. Von ausgestopften Tieren und Schmetterlingen über den berühmten Hope-Diamanten, Mineralien und Edelsteinen bis hin zu Modellen von Walen, Dinosauriern und anderen prähistorischen Lebewesen sowie rekonstruierten Meeres-Ökosystemen ist das Spektrum enorm. Ein Discovery Room bietet Hands-on-Aktivitäten für Kinder.

Für das Museum, das zu den größten Naturkundemuseen weltweit gehört und über 18 große Ausstellungshallen verfügt, ist viel Zeit nötig. Anfang Juni 2019 wurde die Fossil Hall mit einem Tyrannosaurus Rex als zentralem Ausstellungsstück neu eröffnet.

› Constitution Ave./10th St. NW, https://naturalhistory.si.edu, tgl. 10–17.30 Uhr, Eintritt frei, nur der Butterfly Pavilion kostet $ 7,50 Eintritt, Metro „Federal Triangle"

20 Hirshhorn Museum ★★ [F6]

Die hochkarätige **Sammlung moderner und zeitgenössischer Kunst** des Finanziers Joseph H. Hirshhorn (1899–1981), eines litauischen Immigranten, der sein Geld mit Uranminen gemacht hatte, umfasst über 4000 Gemälde und 2000 Skulpturen. Seit 1974 befindet sie sich in einem auffälligen, auf Stelzen stehenden Beton-Rundbau von 70 m Durchmesser, geplant von Gordon Bunshaft und spaßhaft „doughnut" genannt.

In den einzelnen **Ausstellungssälen** sind schwerpunktmäßig Malerei und Skulpturen des 19. und v. a. 20. Jh. – von Picasso, Mondrian, de Kooning, Degas, Dalí, Magritte, Calder, Rodin u. a. – zu sehen. Auf der zweiten Ebene finden Wechselausstellungen statt, im Erdgeschoß sieht man neben dem Laden und dem Eingang Installationen und experimentelle Kunst.

Im Freien befindet sich ein **Skulpturengarten** mit weiteren modernen Kunstwerken, z. B. die Skulptur „Brushstrokes" von Popart-Ikone Roy Lichtenstein oder Rodins „Bürger von Calais". Außerdem gibt es ein ArtLab für Teenager (Designstudio und digitale Medientechniken) und der zugehörige Shop bietet eine gute Auswahl an Büchern und Kunsthandwerk.

› Independence Ave./7th St. SW, https://hirshhorn.si.edu, tgl. 10–17.30 Uhr, Skulpturengarten tgl. 7.30 Uhr bis Sonnenuntergang, Eintritt frei, Metro „Smithsonian"

21 National Gallery of Art ★★ [G6]

Diese sehenswerte Kunstsammlung, bestehend aus rund 40.000 Gemälden, Zeichnungen und Skulpturen vom 13. bis zum 21. Jh., verteilt sich auf zwei durch einen Tunnel verbundene Gebäude an der Nordseite der Mall. Den Kern bildet eine Schenkung des Bankiers Andrew W. Mellon, darunter Werke von da Vinci, Botticelli, Raffael, Tizian, Rembrandt, Vermeer, van Gogh, Cézanne, Monet, Degas und Renoir – diese Stücke werden im älteren **West Building** gezeigt. Im Zentrum des Gebäudekomplexes befindet sich eine Rotunde, von 24 Marmorsäulen gerahmt und mit einem Merkur-Brunnen als Mittelpunkt. Davon gehen die einzelnen Galerien ab, die in chronologischer Abfolge einen Abriss europäischer und amerikanischer Kunst bis zum 19. Jh. geben.

Im Neubau von I.M. Pei (1978), dem **East Building**, das man unterirdisch erreicht, befindet sich moderne und zeitgenössische Kunst und hier werden oft Wechselausstellungen gezeigt. Auf der von Perry Chin entworfenen Dachterrasse, einer Art Zen-Garten, kann man sich – bei schönem Ausblick – gut erholen. Im **Northwest**

KLEINE PAUSE

National Gallery Sculpture Garden

Der Skulpturengarten zwischen 7th und 9th St. ist ein idealer Ort zum Verschnaufen. Im Winter wird aus dem zentralen Brunnen eine Eislauffläche, im Sommer gibt es Jazzkonzerte. Fürs leibliche Wohl sorgt das **Pavilion Café** mit einem breiten Angebot an Salaten, Sandwiches und Pizza (mind. 10–17, So. ab 11 Uhr geöffnet).

•4 [F6] **National Gallery Sculpture Garden,** zwischen 7th und 9th St.

Tower befindet sich die Calder-Skulpturensammlung, im **Northeast Tower** die Werke Mark Rothkos.

Die National Gallery hat einen Großteil der Bestände der **Corcoran Gallery** erworben. Diese Sammlung von William Wilson Corcoran war der Öffentlichkeit 1869 zugänglich gemacht worden und bildete bis 2014 das älteste und größte private Kunstmuseum in der Hauptstadt. Sie umfasst amerikanische Malerei und Skulpturen vom 18. Jh. bis heute. Highlights sind die Gemälde von amerikanischen Künstlern wie Gilbert Stuart, Rembrandt Peale, Mary Cassat oder John Singer Sargent. Hochkarätig ist auch die Sammlung moderner und zeitgenössischer amerikanischer Kunst mit Werken von z. B. Cy Twombly, Andy Warhol oder Ellsworth Kelly. Im ursprünglichen Museumsbau, dem historischen Flagg Building nahe dem White House, wird renoviert. Das Gebäude soll der National Gallery für Sonderausstellungen dienen.

› 4th St. NW/Constitution Ave. NW, www.nga.gov, Mo.–Sa. 10–17, So. 11–18 Uhr, Eintritt frei, Konzerte, Filme u. a. Events, Metro „Archives–Navy Memorial–Penn Quarter"

117wa-Claasen/Washington.org

22 National Air and Space Museum ★★ [G6]

Zur Abwechslung etwas für Technikbegeisterte und Fans von Luft- und Raumfahrt: Im Air and Space Museum werden in **23 Ausstellungssälen** nur etwa ein Fünftel des Gesamtbestands von rund 40.000 Flugzeugen und 9000 Raumfahrtschiffen ausgestellt und dennoch zählt es mit jährlich über 10 Mio. Gästen zu den meistbesuchten Museen der Welt.

Die erste Mondlandung der Apollo-11-Raumfahrtmission wurde im NASM originalgetreu nachgestellt

040wa-Washington.org

Flugzeugausstellung – mit der „Spirit of St. Louis"

EXTRATIPP

Flugzeugmuseum im Dulles International Airport

Eine „Filiale" des National Air and Space Museum, das **Steven F. Udvar-Hazy Center** (s. S. 63), befindet sich in der Nähe des Dulles International Airport. In zwei Hangars sind etwa 80 Flugzeuge und Raketen zu sehen, darunter das Space Shuttle „Discovery".

EXTRAINFO

Dwight D. Eisenhower Memorial

Hinter dem National Air and Space Museum 22 soll ein Denkmal an Dwight D. Eisenhower (1890–1969), den deutschstämmigen 34. Präsidenten der USA und zuvor Oberbefehlshaber der Alliierten im Zweiten Weltkrieg, erinnern. Nach jahrelangem Streit um den Entwurf von Frank Gehry ist die Fertigstellung nun für Mai 2020 geplant.

› https://eisenhowermemorial.gov

Zu den auf zwei Ebenen verteilten **Highlights** gehören das erste **Motorflugzeug der Gebrüder Wright** (1903), Charles Lindberghs **„Spirit of St. Louis"**, mit der er 1927 erstmals den Atlantik überquerte, und zahlreiche moderne **Jets, Satelliten** und **Raumkapseln** wie „Apollo", „Voyager" oder „Gemini".

Neben Ausstellungshallen zu Geschichte und Wissenschaft von Luft- und Raumfahrt verfügt das Museum auch über ein **IMAX-Theater** und veranstaltet multimediale Workshops. Interessant sind auch die Ausstellungsbereiche, die sich mit der Zukunft befassen, z. B. „Explore the Universe" oder „Moving Beyond Earth" und auch die **Flugsimulatoren** sind beliebt.

› Independence Ave./6th St. SW, www.airandspace.si.edu, tgl. 10–17.30 Uhr, Eintritt frei, IMAX und Planetarium je $ 9, kostenlose 90-Min.-Überblickstouren ab Welcome Center, Imbisslokale und Shops.

› Derzeit wird das Museum Stück für Stück renoviert. Es bleibt dabei aber für Besucher geöffnet.

23 National Museum of the American Indian (NMAI) ★★★ [G6]

Das größte Indianermuseum der Welt ist in einem auch architektonisch bemerkenswerten Bau an der Mall untergebracht. Hier arbeiteten Vertreter der indianischen Völker beider amerikanischer Kontinente zusammen, um Besuchern Geschichte und Traditionen auf anschauliche Weise näherzubringen.

Das im September 2004 eröffnete „**NMAI**" gilt als größtes Indianermuseum der Welt. Den Grundstock bildet die umfassende Sammlung des New Yorkers **George Gustav Heye** (1874–1957). Sie reicht von den Hinterlassenschaften der Plains-Indianer über die Navajos bis hin zu verschiedenen Volksgruppen Mittel- und Südamerikas sowie der Karibik und deckt die unterschiedlichsten Genres ab: Kleidung, Tonkunst, Korbflechterei, Holzschnitzereien, Schmuck, Kopfschmuck etc. Teile der Bestände befinden sich im U.S. Custom House in New York City und im Cultural Resources Center in Suitland, Maryland.

Beim **Bau des NMAI** wurde heller Kalkstein aus Minnesota verwendet und wagemutig geschwungene Formen herrschen vor, die an natürliche Felsformationen des Südwestens erinnern sollen. Innen sind, ausgehend von einem sonnendurchfluteten Atrium mit Tanzplatz, auf vier Ebenen Galerien mit Ausstellungsstücken zu über 10.000 Jahren Geschichte der verschiedenen Stämme angeordnet, wobei die Archivbestände ständig ausgewechselt werden. Nicht nur **nordamerikanische Stämme**, sondern auch **mittel- und südamerikanische Völker** fanden Berücksichtigung.

Herausragend ist die Galerie „**Our Universe**", in der die Gründungslegenden von acht verschiedenen Stämmen mit Objekten wie Kunsthandwerk und Kleidung, aber auch mit audiovisuellen Zeugnissen dargestellt werden. Neben interessanten Wechselausstellungen finden im Museum auch Veranstaltungen wie Livemusik, Tanz, Theater, Storytelling u.a. statt, teils im Atrium, teils in einem der beiden zugehörigen Theater.

Nach einem Rundgang durch die Welt der Indianer kann man den Besuch gemütlich mit einer kulinarischen Reise im **Mitsitam Native**

041wa-mb

Spektakuläre Architektur und grandiose Ausstellungen im NMAI

Foods Café ausklingen lassen. An verschiedenen Selbstbedienungstheken gibt es indianische Spezialitäten aus verschiedenen Regionen Nordamerikas, beispielsweise Indian Tacos, Buffalo Burger, Wild Rice oder Lachs.

Vor dem Museum wird 2020 ein eindrucksvolles Denkmal neu eingeweiht: das **National Native American Veterans Memorial**, das an alle Indianer erinnert, die im US-Militär gedient haben und noch dienen.

› 4th St./Independence Ave. SW, http://nmai.si.edu, tgl. 10–17.30 Uhr, Eintritt frei, mit imagiNATIONS Activity Center für Kinder und Jugendliche, Laden (Bücher und Kunsthandwerk) und Mitsitam Café (tgl. 11–15 Uhr) sowie Mitsitam Espresso Coffee Bar (tgl. 10–17 Uhr)

24 U.S. Botanic Garden ★ [G6]

Letzte Station auf dem Museumsrundgang an der Mall ist an der Südostecke der „USBG“, der U.S. Botanic Garden, bestehend aus The Conservatory, dem National Garden und dem Bartholdi Park. Es handelt sich um den ältesten Botanischen Garten Nordamerikas aus dem Jahr 1820. Initiiert wurde er von George Washington, Thomas Jefferson und James Madison.

1933 zog er an seinen jetzigen Ort und es entstand ein Gewächshaus, das **Conservatory**, erbaut vom selben Architekten wie das Capitol. Darin befindet sich in zehn Abteilungen und zwei Innenhöfen die Flora verschiedenster Ökosysteme, von Regenwaldvegetation bis zu Wüstenpflanzen.

Der **National Garden** kam erst 2006 dazu. Hier sind regionale Pflanzen der USA zu bewundern und es gibt verschiedene Abteilungen wie einen Rosen-, Schmetterlings- oder Wassergarten. Im Südosten, jenseits der Independence Ave., befindet sich mit dem **Bartholdi Park** eine Art Lehr- und Demonstrationsgarten. Der Bartholdi-Brunnen heißt auch „Fountain of Light and Water“, da er abends farbig beleuchtet wird.

› 1st St. SW/100 Maryland Ave. SW, www.usbg.gov, tgl. 10–mind. 17 Uhr (saisonal unterschiedlich), Eintritt frei, verschiedene Programme, Workshops, Touren und Events, Metro „Federal Center SW“

KURZ & KNAPP

Zur Terminologie des Wortes „Indianer“

Beim Wort „Indianer“ („Indians“) denken die meisten – in guter alter Karl-May-Tradition – sofort an Reiter mit Kopfschmuck und Lendenschurz. In der Realität weisen die meisten indianischen Völker – allein in den USA gibt es über 560 – kaum Gemeinsamkeiten auf, was auch ihre zahlreichen Namen belegen.

Als **„politically correct“** werden die Bezeichnungen **„Native Americans“** oder **„Native People“** angesehen – im Deutschen unzureichend mit „Ureinwohner“ wiedergegeben. Allerdings ist diese Bezeichnung bei den damit Gemeinten wenig beliebt. Wie einmal der indianische Chef des NMAI meinte: „Jeder, der in Nordamerika geboren ist, ist ein ‚Native American', ein gebürtiger Amerikaner. Ich persönlich bin ein Hopi, wer das aber nicht weiß, für den bin ich eben ein ‚Indianer'.“ In der Tat ziehen die meisten Indianer, ob Apache, Navajo, Nez Perce, Hopi oder Ute, **„American Indian“** als Bezeichnung vor, sofern man die genaue Stammeszugehörigkeit nicht kennt. Von „Indianer“ zu sprechen, ist also durchaus in Ordnung.

Capitol Hill und Southeast

Die Bezeichnung „Capitol Hill" leitet sich vom wichtigsten der sieben Hügel Roms, dem Capitolium, ab. Später wurde der Name auch auf den Sitz des amerikanischen Parlaments übertragen und heute bezeichnet er zugleich das ganze Stadtviertel, das sich südöstlich ans Capitol anschließt. Zu den Highlights gehören neben dem Capitol und der Library of Congress der Eastern Market und die Union Station.

㉕ U.S. Capitol ★★★ [H6]

Das U.S. Capitol ist Symbol und Zentrum der amerikanischen Demokratie und zugleich Sitz von Senat und Repräsentantenhaus. Eine Besichtigung ist möglich und wer zur richtigen Zeit da ist, kann sogar während Sitzungen beider Kammern auf der Zuschauertribüne dabei sein.

Der Sitz des amerikanischen Kongresses erhebt sich unübersehbar auf dem rund 30 m hohen Capitol Hill. Es ist allein größentechnisch der wohl **imposanteste Bau Washingtons:** 229 m lang, 107 m breit, 82 m hoch und mit einer mächtigen Kuppel, die von einer 6 m hohen „Statue of Freedom" bekrönt wird. Den Grundstein hatte 1793 noch George Washington gelegt, bis 1812 wurde nach Plänen des Amateurarchitekten William Thornton und nach Vorbild des römischen Pantheons gebaut. Bereits 1800 war der Kongress aus Philadelphia in den ersten fertiggestellten Bauteil eingezogen. 1814 wurde dann der Neubau während des Zweiten Unabhängigkeitskriegs von den Briten niedergebrannt und bis zur Wiederherstellung im Jahr 1826 tagte der Kongress in einem Behelfsbau. In den 1850er- und 1860er-Jahren wurden **Nord- und Südflügel** zugefügt, 1863 ersetzte eine gusseiserne, dem Petersdom nachempfundene

Capitol Hill heißt das Viertel, das vom U.S. Capitol dominiert wird

04wa-mb

Die politischen Staatsorgane der USA

Die ***Verfassung der Vereinigten Staaten von Amerika*** *wurde 1787 von den 13 Gründerstaaten ratifiziert. Darin wurde die Gewaltenteilung in Exekutive, Legislative und Judikative, d. h. die Trennung von ausführender, gesetzgebender und rechtsprechender Gewalt, als* ***Grundlage der modernen Demokratie*** *festgelegt. Darüber hinaus wurde mit der Verfassung die* ***Trennung von Kirche und Staat*** *und das Prinzip der* ***Volkssouveränität*** *eingeführt, gewährleistet durch die demokratischen* ***Grundrechte*** *(Bill of Rights). Die ursprüngliche Frage, ob der Staat zentralistisch oder föderalistisch organisiert werden solle, führte zu einer Kompromisslösung und zur* ***Gewaltenteilung zwischen Zentralregierung und Bundesstaaten.***

Exekutive – der Präsident

Der Präsident wird auf vier Jahre von Wahlmännern („Electors") und nicht direkt vom Volk gewählt. Die Wahlmänner werden von den Bundesstaaten ernannt, nachdem sie von den jeweiligen Parteien mittels Wahlen („Primaries") oder auf Parteitreffen („Caucuses") per Akklamation bestimmt worden sind. Eine Wiederwahl ist nur einmal möglich und beim Tod des Präsidenten rückt der Vizepräsident automatisch nach. Der Präsident ist Staats- und Ministerpräsident in einer Person und für die Regierungsbildung verantwortlich. Er kann dabei auch auf qualifizierte Personen anderer Parteien oder auf Parteilose zurückgreifen. Der Präsident ist zwar Oberbefehlshaber der Streitkräfte, doch eine Kriegserklärung ist Sache des Kongresses.

Legislative – der Kongress

Der Kongress besteht aus Senat (Senate) und Repräsentantenhaus (House of Representatives). Unabhängig von seiner Größe entsendet jeder Bundesstaat für jeweils sechs Jahre zwei Personen in den ***Senat,*** *insgesamt sind es 100. Den Vorsitz führt der Vizepräsident und alle zwei Jahre wird jeweils ein Drittel der Senatoren direkt vom Volk neu gewählt. Der Senat hat insbesondere in außenpolitischen Fragen eine starke Position. Der US-Präsident benötigt eine Zweidrittelmehrheit im Senat, um internationale Verträge abschließen zu können, und auch die Benennung hoher Beamter und Richter bedarf der Senatszustimmung.*

Im ***Repräsentantenhaus*** *sind die Bundesstaaten proportional zu ihrer Bevölkerung vertreten. Die Zahl von 435 Abgeordneten ist seit 1912 konstant, wobei sie jeweils für zwei Jahre gewählt werden. Die Wahlen finden immer am ersten Dienstag im November eines Jahres mit gerader Zahl statt. Das Repräsentantenhaus hält besonders bei Budget-Verhandlungen eine Schlüsselstellung inne. Den Vorsitz führt der Speaker, der Vertreter der Mehrheitspartei.*

Judikative – das Gerichtswesen

Dem unabhängigen Gerichtswesen steht der ***Oberste Gerichtshof*** *(Supreme Court) vor. Er kann bei Bedarf die Verfassungsmäßigkeit aller politischen Entscheidungen prüfen und ist damit die* ***Kontrollinstanz*** *gegenüber Präsident und Kongress. Der Präsident benennt die Richter des Obersten Gerichtshofs in Beratung und mit Zustimmung des Senats.*

Kuppel eine frühere Holzkonstruktion. Bekrönt wird die gut vier Tonnen schwere Kuppel von einer allegorischen **Statue der Freiheit**, 1857 von Thomas Crawford aus Bronze gegossen. Sie trägt einen ringsum von Sternen gezierten Helm mit Adlerkopf und -federn und hält in der rechten Hand ein Schwert, in der linken einen Siegeskranz und einen Schild. Im Capitol Visitor Center kann man das Original-Gipsmodell aus der Nähe betrachten.

Die **Hauptfront** des Capitols liegt – was heute verwundert – im Osten. Die Ausrichtung rührt daher, dass man zur Erbauungszeit angenommen hatte, dass die Stadt nach Osten wachsen würde. Um die Fehlplanung zu kompensieren, baute man später im Westen eine 269 m lange Marmorterrasse mit zwei ausladenden Freitreppen an. 35 Stufen führen hinauf zur Ostfassade, die nachträglich erweitert wurde, und hier legte bis 1981 und Ronald Reagan jeder neu gewählte Präsident den Amtseid ab. Seither findet die Inauguration auf der Westseite statt.

Im Capitol tagt der **U.S. Congress**, bestehend aus Senate und House of Representatives. Im südlichen Gebäudeflügel befindet sich das **House Chamber**, der Sitzungsort des Repräsentantenhauses, im nördlichen das **Senate Chamber**. Beide Sitzungssäle können nur von der Besuchergalerie aus eingesehen werden. Sitzungen kann man ebenfalls von dort verfolgen.

Touren starten im **Besucherzentrum** (s. Infokasten Seite 38), erster Stopp ist die **Rotunde** mit einem Durchmesser von etwa 30 m und 55 m Höhe. Ihre Mitte ist zugleich der Schnittpunkt aller Hauptstraßen in westlicher, östlicher, nördlicher und südlicher Richtung – genau wie von Stadtplaner L'Enfant vorgesehen.

043wa-mb

⊡ *Blick in die Kuppel des U.S. Capitol*

Die Kuppel ziert ein Gemälde der „**Apotheose von Washington**" von 1865 des in Rom geborenen Künstlers Constantino Brumidi (1805–1880). Der erste Präsident sitzt neben Victoria („Sieg") und Liberty („Freiheit") und wird von weiblichen Repräsentanten der 13 Gründerstaaten umringt. Im äußeren Kreis geht es dann um die **Allegorien** der Künste, Wissenschaften und Industrie. Ein **umlaufender Fries** unterhalb der Rotundenfenster befasst sich mit 400 Jahren amerikanischer Geschichte, von Kolumbus, Pilgern und großen Entdeckern über Unabhängigkeitskrieg, Goldrausch und Bürgerkrieg bis hin zur Moderne. Er wurde 1877 von Brumidi begonnen und 1953 fertiggestellt.

Über den vier großen Durchgängen, die von der Rotunde in die anderen Räume führen, sieht man auf **Relieftafeln** die Ankunft der Pilgerväter mit der Mayflower, William Penn, den Gründer von Philadelphia, Pocahontas als Retterin von John Smith und Daniel Boone im Kampf gegen Indianer. Die großformatigen, golden gerahmten **Gemälde** an den Wänden ringsum zeigen weitere Szenen aus der US-Geschichte.

„**Flüsterkabinett**" wird der im Nordosten an die Rotunde angrenzende Saal – das **Old Senat Chamber** – wegen seiner erstaunlichen Akustik genannt. Aufgrund seiner Größe tagte der Senat nur bis 1859 hier – bis dahin waren lediglich 32 Staaten vertreten. In der **National Statuary Hall**, einem halbrunden Saal im Süden der Rotunde, der einst als Sitzungssaal des Repräsentantenhauses diente, befindet sich die „National Statuary Hall Collection". Seit 1870 dürfen die Bundesstaaten in Erinnerung an bedeutende Persönlichkeiten jeweils zwei Statuen stiften. Wegen Platzmangels stehen aber nur 38 in der Halle, der Rest ist auf andere Gebäudeteile, wie die Hall of Columns (im EG, südlicher Teil), verteilt.

Sehenswert sind auch das **Old Supreme Court Chamber** und die **Brumidi Corridors** im nördlichen Teil mit Wandgemälden vom bereits erwähnten Constantino Brumidi. Auf das ganze Gebäude verteilt, finden sich **Ausstellungen** mit Dokumenten, Kunstwerken und Artefakten aus über 400 Jahren amerikanischer Geschichte.

Besucher-Know-How Capitol

Erster Anlaufpunkt ist das im Osten gelegene, unterirdische **Capitol Visitor Center** (CVC, Mo.–Sa. 8.30–16.30 Uhr, frei zugänglich nach Sicherheitskontrolle), ein Besucherzentrum auf zwei Ebenen mit Atrium, Filmtheatern, multimedialen Ausstellungen (z. B. mit dem Tisch von Abraham Lincoln bei seiner Inauguration 1865), Restaurant und Shop. Hier starten die Touren und durch ein Oberlicht hat man zudem einen fotogenen Blick aufs Capitol. In dem sonnendurchfluteten Atrium, genannt **Emancipation Hall**, werden außerdem die Sklaven geehrt, die im 19. Jh. am Bau beteiligt gewesen waren, zudem steht hier das Gipsmodell der Freiheitsstatue auf der Capitol-Kuppel. Andere Ausstellungen zeigen historische Artefakte, Dokumente, Reden und Kongressbeschlüsse sowie Briefe wie den von Thomas Jefferson an den Kongress 1803 bezüglich der Lewis-und-Clark-Expedition.

- Besonders **im Sommer** empfiehlt es sich, wegen langer Wartezeiten **Tickets im Voraus** online zu besorgen (www.visitthecapitol.gov). Für spontan Entschlossene gibt es im CVC am Information Desk kostenlose Tickets für denselben Tag („same-day tour passes").
- **Touren** (obligatorisch): Mo.–Sa. 8.40–15.20 Uhr, 30–40 Min. Dauer, strenge Security Checks: große Taschen, Rucksäcke, Taschenmesser etc. sind nicht erlaubt. Mind. 30 Min. vor der angegebenen Tourzeit kommen und mind. 2 Std. für den Besuch einplanen. Allein der Überblicksfilm dauert eine Stunde.
- **Besucherpässe** für House- und Senats-Sitzungen sind gratis. Als ausländischer Besucher kann man an einem „House & Senate Appointment Desk" auf der oberen Ebene des CVC fragen. Wenn keine Sitzungen stattfinden, dürfen Besucher Mo. bis Fr. von 9 bis 16 Uhr die Säle von der Besuchergalerie aus besichtigen (www.visitthecapitol.gov/plan-visit/watching-congress-session).
- Zum CVC gehört ein Restaurant (Mo.–Sa. 8.30–16 Uhr), wohingegen der **„Senate Dining Room"**, dessen Bohnensuppe („Dominique's U.S. Senate Bean Soup") legendär ist, nicht zugänglich ist.
- **Militärmusik** gibt es im Sommer, meist werktags 20 Uhr, auf dem Gelände des Capitol (West Front).

26 Library of Congress ★★ [H6]

Gegenüber dem Capitol befinden sich im Osten der **United States Supreme Court**, Sitz des Obersten Gerichtshofs, und die **Library of Congress.** Der Gerichtshof befindet sich seit 1935 in dem Gebäude, das einem griechischen Tempel mit korinthischen Säulen gleicht und vom Reißbrett von Cass Gilbert (dem Erbauer des Woolworth Buildings in New York) stammt. Noch beeindruckender ist die Library of Congress, eine der größten Bibliotheken der Welt. Die Bestände verteilen sich auf mehrere Gebäude. Kernbau ist das **Thomas Jefferson Building**, das besichtigt werden kann.

Bis zu dem von den Briten gelegten Feuer 1814 hatte sich die 1800 von John Adams, einem der Gründerväter der USA, ins Leben gerufene Bibliothek noch im Capitol befunden. Die Verluste durch den Brand kompensierte **Thomas Jefferson**, indem er seine Privatbibliothek stiftete. Seine 6387 Bücher bilden bis heute den Kern des **über 100 Mio.(!) Bände umfassenden Bestandes**, der jährlich wächst. Dazu kommen mehrere Millionen Manuskripte und Fotos, Grafiken, Karten und Atlanten, unzählige Zeitschriften und Zeitungen, die bis ins 17. Jh. zurückreichen. Insgesamt sollen sich in der Bibliothek 155 Mio. Gegenstände und über 1300 km an Regalen befinden. Ein Highlight der Sammlung ist z. B. eine seltene Gutenberg-Bibel.

Der Neubau wurde 1897 eingeweiht und an seiner Ausgestaltung waren rund 50 Künstler beteiligt. Sehenswert ist besonders die **Great Hall**, prächtig ausgestaltet mit Mosaiken, Gemälden und einer imposanten, geschwungenen Marmortreppe. Der **Main Reading Room** weist einen oktogonalen Grundriss auf und unter einer 50 m hohen Kuppel wird an Mahagoni-Tischen gearbeitet. Von einer Besuchergalerie im Obergeschoss kann man in den Bibliothekssaal hineinblicken.

› Jefferson Bldg., 1st St./Independence Ave. SE, www.loc.gov, Mo.–Sa. 8.30–16.30 Uhr, Eintritt frei. Kostenlose Touren Mo.–Sa. 10.30/11.30/12.30/13.30/14.30/15.30 Uhr (Sa. nicht 12.30 und 15.30 Uhr). Verschiedene Veranstaltungen wie Filme (Pickford Theatre) oder Konzerte (Coolidge Auditorium), Tickets gratis, aber teilweise vorherige Beschaffung nötig (www.loc.gov/concerts).

044wa-mb

Nicht nur architektonisch ein Kunstwerk: die Library of Congress

Thomas Jefferson: Politiker, Gelehrter und Büchernarr

Geboren 1743 als Sohn eines Plantagenbesitzers in Shadwell, Virginia, wurde der Rechtsanwalt Thomas Jefferson zu einem der einflussreichsten Politiker in der Geschichte der USA.

Zwischen 1779 und 1781 fungierte er als Gouverneur von Virginia und 1784 zog er, Benjamin Franklin nachfolgend, als US-Gesandter nach Frankreich. 1790 ernannte ihn Präsident George Washington zum ersten „Secretary of State" und sechs Jahre später kandidierte Jefferson erstmals für das Präsidentenamt, unterlag jedoch gegen John Adams. Erst vier Jahre später setzte er sich durch und wurde als dritter Präsident vereidigt.

Zwei Amtsperioden lang, 1801 bis 1809, leitete Jefferson die Geschicke der USA, danach zog er sich bis zu seinem Tod im Jahr 1826 auf seinen Landsitz in Monticello/Virginia zurück. Dort begann die kreativste Zeit des Multitalents und hier befand sich auch die Bibliothek, die später zum Kern der Library of Congress wurde.

Jefferson gilt als einer der Gründerväter der USA und als Mitverfasser der Declaration of Independence, die am 4. Juli 1776 verabschiedet wurde. Er war Demokrat der ersten Stunde und ein vehementer Verfechter der Menschenrechte. Doch Jefferson war mehr als nur ein Politiker, er interessierte sich für Natur und Landbau, Technik und Naturwissenschaften, Architektur, Literatur und Philosophie. Seiner wissenschaftlichen Neugier und politischen Weitsicht war es zu verdanken, dass sich das Tor zum „Wilden Westen" öffnete.

Als Präsident hatte er nicht nur das französische Einflussgebiet westlich des Mississippi 1803 für die USA von Napoleon erworben, er hatte zwischen 1804 und 1806 auch einen Militärtrupp, angeführt von seinem persönlichen Adjutanten Meriwether Lewis und dessen Offiziersfreund William Clark, in die Region geschickt. Sie sollten nicht nur einen schiffbaren Weg an den Pazifik suchen, sondern auch Informationen über Ressourcen und Bewohner, über Flora und Fauna sammeln, Kontakte mit den Indianern knüpfen und so die Inbesitznahme und Öffnung des Westens einleiten.

27 Eastern Market ★ [I7]

Schon ab 1873 existierte an der Ecke C und 7th Street eine **Markthalle**, genannt „Eastern Market". Der historische Hauptbau ging 2007 in Flammen auf, wurde aber bis 2009 originalgetreu wiederhergestellt und ist heute attraktiver denn je. In der Markthalle gibt es nicht nur Blumen, Gemüse, Fisch, Käse und andere Lebensmittel von Kleinproduzenten der Region zu kaufen, sondern am Wochenende werden auch rings um die Halle **Stände mit regionalen Spezialitäten** und **Kunsthandwerk** aufgebaut und es findet ein großer **Flohmarkt** statt, der ebenso wie der **Wochenmarkt** am Dienstag Washingtonians in Scharen anlockt.

› 225 7th St., http://easternmarket-dc.org, Di.–Fr. 7–17, Sa. 7–18, So. 9–17 Uhr. Farmer's Market: Di. 13–19 Uhr, Kunsthandwerksmarkt im Freien: Sa. 7–18, So 9–17 Uhr, außerdem Flea Market (7th & C St. SE): So. 9.30–16.30 Uhr. Metro „Eastern Market", auch Stop des DC Circulator (s. S. 128)

28 Barracks Row ★ [I7]

Wenige Schritte vom Eastern Market beginnt die **Barracks Row.** Den Beinamen erhielt die 8th St. wegen der **Marine Corps Barracks** (noch heute Heimat der U.S. Marine Band, Gratiskonzerte im Sommer, www.marines.mil) und des **Commandant's House.** Der **Barracks Row Heritage Trail** führt von der C St. im Norden bis zum **Washington Navy Yard Historic District** (M St.) im Süden und folgt dabei großteils der 8th St. Hier entwickelte sich nach 1798 das erste Geschäftszentrum der Hauptstadt und auch heute ist die Barracks Row ein beliebtes Viertel zum Bummeln mit Festivals, Läden, Cafés, Lokalen und vor allem der tollen Bäckerei **Spring Mill Bread Co.** (s. S. 81).

› 8th St. SE, www.barracksrow.org, Metro „Eastern Market", auch DC Circulator (s. S. 128)

29 Navy Yard ★ [I8]

Geht man auf der 8th St. SE weiter in südliche Richtung, stößt man auf den 1799 als Schiffswerft erbauten **Washington Navy Yard.** Im „War of 1812" von den Briten zerstört, wurde er rasch wieder aufgebaut und als Waffenarsenal und -produktionsstätte genutzt.

In den 1970er-Jahren zogen die Verwaltungen von US-Marine und US Navy auf dem ehemaligen Werftgelände ein und seit 1976 ist der Navy Yard ein „National Historic Landmark".

Für Besucher interessant ist das **National Museum of the US Navy** (s. S. 62), zu dem die **Navy Art Collection** mit der **Cold War Gallery** und der Zerstörer **U.S.S. Barry** auf dem Anacostia River gehören.

046wa-mb

⊡ *Die Markthalle des Eastern Market, davor der Flohmarkt*

EXTRATIPPS

Frühstück mit Einheimischen

Der **Market Lunch** im Eastern Market 27 gehört zu den Favoriten der *Locals* und ist v. a. zum späten Frühstück oder frühen Lunch entsprechend umlagert (Mo. geschlossen). Abgesehen von den Crabcake Sandwiches sollte man unbedingt die Blueberry Buckwheat Pancakes (Buchweizenpfannkuchen mit Blaubeeren) probieren.

Historischer Friedhof

Der 1807 gegründete, romantische **Congressional Cemetery** befindet sich im Nordosten des Navy Yard am Anacostia River. Hier liegen viele bekannte Persönlichkeiten wie FBI-Direktor J. Edgar Hoover begraben.

★5 [dh] **Congressional Cemetery,** 1801 E St. SE, www.congressionalcemetery.org, Metro Orange/Blue/Silver „Potomac Ave.", tgl. Sonnenauf- bis Sonnenuntergang

Baseball, das „National Game“

Baseball ist ein traditionsreicher Sport, dessen Wurzeln in die erste Hälfte des 19. Jh. zurückreichen. Allerdings mussten die Hauptstädter bis 2005 warten, ehe eine Profimannschaft erfolgreich Fuß fassen konnte. Damals verließen die Expos das kanadische Montréal und siedelten sich in Washington D.C. als ***„Nationals“*** *neu an. Anderen Profiteams, die sich vorher in D.C. versucht hatten, war wenig Erfolg beschieden gewesen: Ein Team zog 1961 nach Minneapolis um, das andere 1971 nach Dallas.*

Spätestens seit der Eröffnung des neuen Baseballstadions 2008 haben die Washingtonians die ***„Nats“*** *ins Herz geschlossen. Sie sind nicht mehr aus der Stadt wegzudenken, erst recht jetzt, weil sie Jahr für Jahr erfolgreich ganz oben mitspielen. Auch tragen sie den richtigen Namen, ist doch Baseball der „Nationalsport“ der Amerikaner: Nachdem Anfang April traditionell der US-Präsident mit dem Ruf* ***„Play Ball!“*** *und dem ersten Wurf in Washington die Saison eröffnet, fiebert die ganze Nation bis Oktober mit.*

Das ***National Game,*** *das auf dem Duell zwischen* ***Pitcher*** *(Werfer) und* ***Batter*** *(Schlagmann) basiert, ist nicht so schwer verständlich, wie es zu Anfang scheinen mag. Zumindest nicht, was die Grundregeln angeht, die man sich am besten von einem einheimischen Fan während eines Spiels bei Bier und Hotdog erklären lässt.*

1845 war mit dem ***Knickerbocker Club of New York*** *der erste dokumentarisch belegte Baseballklub gegründet worden und er war maßgeblich an der Erstellung eines Regelwerks beteiligt. Nach Bürgerkriegsende griff dann das Baseballfieber auf das ganze Land über und am 2. Februar 1876 wurde die Liga gegründet, die bis heute das Geschehen mitbestimmt: die* ***National League*** *(NL). 1900 wurde die* ***American League*** *(AL) ins Leben gerufen und beide schlossen sich wenig später zu* ***MLB*** *(Major League Baseball) zusammen. Seit 1905 ermitteln die Meister der NL und AL in den* ***World Series*** *die beste Profimannschaft.*

Die Nationals, das Profi-Baseballteam, sind die Lieblinge der Stadt

047wa-mb

EXTRATIPP

The Wharf

Ein paar Blocks nordwestlich des Fußballstadions befand sich am Seitenarm des Potomac River – dem etwa 3 km langen Washington Channel – einst der Hafen der Stadt. Die Region, **Southwest Waterfront,** ist derzeit angesagt. Für Besucher lohnt der Besuch der **District Wharf,** so die offizielle Bezeichnung. Hier ist um den **Maine Avenue Fish Market,** den ältesten noch betriebenen Fischmarkt Amerikas, ein **Bummelviertel** mit Jachthafen, Shops, Läden, der Veranstaltungshalle und Hotels entstanden.

★6 [F8] **District Wharf,** www.wharfdc.com

30 Nationals Ballpark ★ [H8]

Vom Navy Yard zieht sich der **Anacostia Riverwalk** entlang des Flussufers. Er führt westwärts zum Baseballstadion. Hier an der Capitol Riverfront ist momentan viel im Gange: Neue Parkanlagen, Wohnhäuser, Geschäfte und Lokale sind entstanden bzw. in der Entstehung und das Viertel gewinnt zunehmend an Attraktivität. In Planung ist derzeit der **11th Street Bridge Park,** eine parkartige Fußgängerbrücke, die die Riverfront mit Anacostia verbinden wird (https://bbardc.org/project/11th-street-bridge-park).

Der von HOK/Devrouax-Purnell Architects entworfene und 2008 im „Retrolook" eröffnete **Nationals Park** hat den Anfang gemacht und bewirkt, dass die gesamte Riverfront und die sich anschließende **Southwest Waterfront** neues Leben eingehaucht bekamen. In den Ballpark, der als erstes großes Stadion in den USA zum „Green Building" erklärt wurde, passen über 40.000 Fans, die mit großer Begeisterung ihre Mannschaft anfeuern. Wer aus Zeitgründen kein Spiel der „Nats" sehen kann, sollte zumindest das Stadion besichtigen, das – neben Imbissbuden und Lokalen, einem kleinen Museum und einem großen Souvenirladen – einen guten Ausblick auf Capitol und Washington Monument bietet.

Nur wenige Schritte südwestlich des Ballparks steht das neue Fußballstadion, **Audi Field at Buzzard Point,** in dem der Profiklub D.C. United seine Heimspiele austrägt.

› 1500 S. Capitol St. SE, http://washington.nationals.mlb.com, Touren zu unterschiedlichen Zeiten, $ 15, Metro „Navy Yard-Ballpark"

31 International Spy Museum ★ [F7]

Wer sich für James Bond und Co. und Spionage interessiert, sollte sich das International Spy Museum nicht entgehen lassen. Es handelt sich um die **weltgrößte Sammlung rund um das Thema Spionage.** Hier erfährt man alles über große Spione, deren geheime „Werkzeuge", die Welt der Geheimdienste, Kriegsspionage u. v. a.

Im Mai 2019 wurde das Museum am L'Enfant Plaza in einem vom Londoner Architekturbüro Rogers Stirk Harbour + Partners geplanten, auffälligem Gebäude neu eröffnet. Dort werden jetzt interaktive Ausstellungen und Installationen geboten, Spionage-Objekte aus aller Welt, Tondokumente und Fotos sind zu sehen bzw. aktiv zu erleben. Besucher können auch selbst Spion, Agent oder Analyst spielen.

› 700 L'Enfant Pl. SW, www.spymuseum.org, Fr.–Mi. 9–19, Do. 10–19 Uhr, $ 24,95, 7–12 Jahre $ 14,95, bis 6 Jahre frei, Metro „L'Enfant Plaza"

Downtown und Penn Quarter

Downtown wird das Areal östlich des White House und nördlich der Mall bis hin zur Union Station genannt. Teil davon ist das **Penn Quarter** nördlich der Pennsylvania Ave. mit eher teureren Lokalen und Shops, dem Newseum, der Capitol One Arena (Sporthalle), der National Portrait Gallery/Smithsonian American Art Museum und dem Ford's Theatre. Direkt nördlich liegend, wird das kleine **Chinatown** ebenfalls zu Downtown gerechnet.

32 Union Station ★★ [H5]

Wenige Schritte nördlich vom U.S. Capitol 25 fällt der ebenfalls repräsentative Bau der Union Station ins Auge. Der **historische Bahnhof** wurde 1907 im klassizistischen Stil erbaut und gilt als Musterbeispiel gelungener Restaurierung. Nahverkehrs-, Amtrak-Fernzüge und die Metro fahren hier ab und es gibt Einkaufsarkaden, Restaurants und im Untergeschoss den „Food Circle" mit verschiedenen Imbissständen.

Die **Hauptfassade** orientiert sich zum nahen Capitol hin, vor dem Gebäude breitet sich der **Columbus Circle** aus mit einem Brunnen, der an den großen Entdecker erinnert. Erbaut wurde die Union Station gemeinsam von Pennsylvania Railroad und Baltimore & Ohio Railroad, um die vormals verstreut gelegenen Bahnhöfe durch eine zentrale Station zu ersetzen. Geplant wurde der Bau von **Daniel Burnham**, der sich als Stadtplaner in Chicago einen Namen gemacht hatte. Die Figuren über den Säulen der Fassade sollen mit Figuren wie „Thales" (für Elektrizität), „Prometheus" (Feuer) oder „Archimedes" (Mechanik) den Fortschritt des Eisenbahnwesens für das Land verkörpern. Für die Innenaustattung im Beaux-Arts-Stil war der berühmte Bildhauer **Augustus Saint-Gaudens** (1848–1907) zuständig.

Nur wenige Blocks westlich des Bahnhofs entseht an der Massachusetts Ave. gerade der Büro-, Wohn- und Shopping-Komplex **Capitol Crossing** (www.capitolcrossingdc.com).

048wa-mb

› 50 Massachusetts Ave. NE, www.unionstationdc.com, Metro „Union Station" sowie DC-Circulator-Endstation

33 Newseum ★★★ [G6]

Dieses multimediale Museum über den Journalismus ist einzigartig und gibt einen Einblick in Presse und Presserecht, Medien und Journalismus von der Frühzeit bis zur Moderne. Anhand verschiedenster Medien, Filme, Fotos, Relikte und Dokumente wird die Welt der Medien vorgeführt und man erfährt, wie Nachrichten gemacht und verbreitet werden.

Der moderne Bau mit riesigem Atrium und überdimensioniertem Monitor im Eingangsbereich steht an der Pennsylvania Avenue zwischen White House 1 und Capitol 25. Die Multimedia-Ausstellung widmet sich nicht nur der Geschichte des Journalismus, sondern hat sich auch der Presse-, Rede- und Meinungsfreiheit in aller Welt verschrieben. Nach einem **Orientierungsfilm** auf der Zugangsebene geht es mit dem Autzug nach oben. Es empfiehlt sich, ganz oben mit der **Aussichtsterrasse** zu beginnen, denn sie bietet einen hervorragenden Blick auf das Capitol und die Pennsylvania Avenue sowie die Mall.

Von oben arbeitet man sich dann durch die Ausstellungen nach unten vor. In insgesamt **15 Galerien** wird Einblick in über 500 Jahre Pressegeschichte gegeben. Es geht beispielsweise um den ersten Verfassungszusatz der US-Verfassung, der Presse- und Meinungsfreiheit garantiert, um die Rolle von Radio, TV und Internet, um journalistische Arbeit und bedeutende Journalisten. Viel Multimedia, Hörproben, Computerstationen und Videos machen den Besuch unterhaltsam.

EXTRATIPPS

Museum für Philatelisten

An der Westseite der Union Station 32 steht das Postamt der Hauptstadt. Im historischen Washington City Post Office, 1914 von Daniel Burnham erbaut, kann man nicht nur seine Post aufgeben, hier kommen auch Philatelisten auf ihre Kosten: Im **Smithsonian National Postal Museum** (s. S. 63) sind über 6 Mio. Briefmarken, außerdem Postkutschen, Postautos, Postflugzeuge und Ausstellungen über das Postwesen zu sehen.

H Street Corridor/ Atlas District

Rings um die Union Station breiten sich verschiedene Viertel aus: Direkt westlich liegt **NoMa** – „North of Massachusetts Ave." – und dort befand sich einst **„Swampoodle"**, ein berüchtigtes irisches Viertel. Östlich schließt sich der **H Street Corridor** an, wegen des legendären **Atlas Theatre** von 1938 auch **„Atlas District"** genannt. Die historische Jazzbühne wurde 2001 als **Atlas Performing Arts Center** (s. S. 74) wieder eröffnet. Dank dieser Veranstaltungshalle und der neuen Straßenbahn, die von der Union Station entlang der H Street Richtung Osten fährt, entwickelte sich hier nicht nur ein neues In-Viertel zum Wohnen und Bummeln, sondern auch ein neues Nightlife-Zentrum, z. B. mit dem **Rock and Roll Hotel** (1353 H St. NE, www.rockandrollhoteldc.com, Livemusik und DJs).

› H St. NE, H/Benning Streetcar ab Union Station

◁ Die Union Station ist noch heute ein Anziehungspunkt

Ein Teil des Museums widmet sich „**9/11**“ und den bei der Arbeit getöteten Journalisten („Journalists Memorial“), außerdem ist das längste Stück der **Berliner Mauer** außerhalb Deutschlands zu sehen. In mehreren Kinosälen, darunter ein 4-D-Theater, werden informative Filme gezeigt und im „Interactive Newsroom“ können Besucher selbst Journalist spielen.

Außen, entlang der Frontfassade, hängen die aktuellen Titelseiten einer Auswahl von Zeitungen aus aller Welt. Auf der Website des Museums sind täglich sogar 800 Zeitungs-Titelseiten zu lesen.

› 555 Pennsylvania Ave. NW, www.newseum.org, $ 24,95 (plus *tax*, ca. $ 26,50), 2 Tage gültig, Mo.–Sa. 9–17, So. 10–17 Uhr, Metro „Archives-Navy Memorial-Penn Quarter“

34 National Archives ★ [F6]

Die National Archives liegen etwas zurückversetzt an der Constitution Ave., in einem an einen griechischen Tempel erinnernden Marmorbau. Sie dienen der Aufbewahrung und Archivierung historisch wichtiger **Regierungsakten**, zurückreichend bis 1775. U. a. werden in der Rotunde und in verschiedenen Galerien Wechselausstellungen gezeigt, dazu gibt es permanente Ausstellungen z. B. zur Unabhängigkeitserklärung, der Verfassung, der Bill of Rights oder zur Magna Carta. In den „**Public Vaults**“ sind Originaldokumente, Karten, Filme u. a. zu sehen, z. B. Mitteilungen von Abraham Lincoln oder Originaltonaufzeichnungen aus dem Oval Office.

› Constitution Ave., 7th–9th St., https://museum.archives.gov, tgl. 10–17.30 Uhr, Eintritt frei, Reservierung im Sommer empfohlen, Metro „Archives/Navy Memorial“

35 Penn Quarter/ Chinatown ★ [F5]

Das **Penn Quarter** erstreckt sich in dem Dreieck, das die Pennsylvania Ave. NW, die New York Ave. NW und die 7th St. NW bilden. Hier befinden sich Museen wie die National Portrait Gallery 36, das International Spy Museum 31 oder das Ford's Theatre 37, aber es sind auch mehr und mehr Lokale zu finden. Das Areal rings um die große Sporthalle (Capital One Arena) entwickelt sich zunehmend zum beliebten Ausgehviertel.

Chinatown beginnt nördlich der Sporthalle **Capital One Arena** (s. S. 74) und wird durch ein aufwendig verziertes, knapp 23 m hohes Tor an der Ecke 7th und H St. markiert. Dieser **Friendship Archway** wurde 1986 zur Bekräftigung der Partnerschaft mit Beijing errichtet. Er besteht aus 7000 Fliesen und 272 gemalten Drachen im Stil der Ming- und Qing-Dynastien.

Chinatowns Bevölkerung ist rückläufig, von einst gut 3000 Einwohnern sind heute nur noch ein paar Hundert geblieben. Es entstand in den 1930er-Jahren, als die ursprüngliche Siedlung an der Pennsylvania Ave. dem Bau von Regierungs- und Verwaltungsbauten weichen musste. 1997 wurde dann am Südrand von Chinatown die neue Sporthalle gebaut und sorgte für eine Veränderung der Infrastruktur im Viertel: Mehr Ladenketten und Restaurants entstanden für die zu Veranstaltungen herströmenden Menschen. Eines der

Dieser modern überdachte Innenhof von Norman Foster verbindet National Portrait Gallery und American Art Museum

hier befindlichen Restaurants, „Wok & Roll“ (604 H St. NW), steht übrigens an der Stelle des einstigen Mary Surratt's Boarding House, dem Ort, an dem John Wilkes Booth und seine Anhänger Lincolns Ermordung planten (s. S. 20).

› H St./7th St. SW, Metro „Galleria Place-Chinatown“

36 Smithsonian American Art Museum/National Portrait Gallery ★★★ [F5]

Das Smithsonian American Art Museum und die National Portrait Gallery teilen sich nicht nur ein Gebäude, beide Sammlungen sind auch gleichermaßen bedeutend. Hier erhält der Besucher einen umfassenden Überblick über die nordamerikanische Kunst.

In dem historischen **Patent Office Building**, das 1836 bis 1863 im repräsentativen Greek-Revival-Stil erbaut und vom Dichter Walt Whitman als „feinstes der Washingtoner Gebäude“ bezeichnet wurde, hat dieser Teil der Smithsonian Institution eine adäquate Heimat gefunden. Im Zentrum befindet sich der **Robert and Arlene Kogod Courtyard**, ein Innenhof, der 2004 nach Plänen von Sir Norman Foster gestaltet und überdacht wurde. Dass sich in dem Komplex zwei Sammlungen befinden, merkt man als Besucher kaum, denn das Smithsonian American Art Museum und die National Portrait Gallery teilen sich nicht nur den Bau, sondern auch die vier Ausstellungsetagen.

Das **Smithsonian American Art Museum (SAAM)** umfasst rund 400.000 Kunstobjekte und Dokumente. Der Schwerpunkt liegt auf Werken bedeutender amerikanischer Künstler unterschiedlicher Epochen von der Kolonialzeit bis zur Moderne, darunter aus dem späten 18. bzw. 19. Jh. John Singleton Copley, Alfred Bierstadt, Winslow Homer, James McNeill Whistler oder John Singer Sargent, Impressionisten wie Childe Hassam oder Mary Cassatt, klassisch-moderne Maler wie Edward Hopper, Georgia O'Keeffe, Robert Rauschenberg oder Andy Warhol und zeitgenössische Künstler wie David Hockney, Christo, Jenny Holzer oder Robert Indiana.

Schwerpunkt der **National Portrait Gallery** sind Bilder, die Persönlichkeiten darstellen, die Einfluss auf die

050wa-mb

amerikanische Geschichte und Kultur hatten. Im Mittelpunkt steht die einzige vollständige Sammlung von Präsidentenporträts außerhalb des White House. Außerdem gibt es Darstellungen von Martin Luther King Jr., Mary Cassatt, George Gershwin, dem Cherokee-Anführer Sequoyah, von Rosa Parks, Marilyn Monroe oder Babe Ruth. Die **Catlin Gallery** – benannt nach dem Maler und Forschungsreisenden George Catlin (1796–1872) – zeigt den Großteil seiner „Indian Gallery“, eine einzigartige Porträtsammlung von Indianern seiner Zeit.

Ein Teil der SAAM-Sammlung befindet sich in der **Renwick Gallery** (s. S. 63), einem auffälligen Bau im Second-Empire-Stil gegenüber dem White House. Zur Erbauungszeit wurde das 1874 eröffnete Museum als „American Louvre“ gefeiert. Damals befand sich hier die Kunstsammlung von William Wilson Corcoran, heute ist die Sammlung dekorativer Kunst und Kunsthandwerks des American Art Museum zu sehen.

› 8th/G St. NW, https://americanart.si.edu sowie https://npg.si.edu, Eintritt frei, tgl. 11.30–19, Renwick Gallery 10–17.30 Uhr, Gratis-WLAN und Café im Courtyard, Metro „Gallery Pl.-Chinatown“

051wa-mb

37 Ford's Theatre NHS ★★ [F5]

Das historische Ford's Theatre ist aktives Theater und Gedenkstätte in einem. Hier wurde am Abend des **14. April 1865** während einer Aufführung **Abraham Lincoln erschossen.** Das altehrwürdige Theater erstrahlt nach einer Renovierung heute wieder im Glanz der 1860er-Jahre und steht mit kleinem Museum zu den Geschehnissen 1865 im Untergeschoss tagsüber zur Besichtigung offen.

Der Präsident konnte noch über die Straße in das Haus des Schneiders William Petersen gebracht werden, starb dort jedoch im Beisein seiner Frau am nächsten Morgen. Nach Besichtigung des Sterbezimmers im **Petersen House** wird der Besucher im benachbarten **Center for Education and Leadership** in drei Galerien mit den Nachwirkungen der Ermordung und der Legendenbildung Lincolns vertraut gemacht. Es gibt eine Rekonstruktion des Bestattungswagens, man folgt in Bildern dem Leichnam auf der Eisenbahnfahrt nach Springfield und es geht um die Verfolgung des Attentäters John Wilkes Booth und seiner Helfer. Man erfährt viel über Lincolns Familie und es geht um seine Politik und seine ikonenhafte Wirkung auf andere Präsidenten und Persönlichkeiten. Im Foyer bestätigt ein eindrucksvoller Bücherturm mit über 6800 Bänden über Lincoln, wie einflussreich der Expräsident war.

› 511 10th St. NW, www.fords.org, tgl. 9–16.30 Uhr, Eintritt frei, zeitgebundenes Ticket (*same-day tickets* im Theater oder unter www.ticketmaster.com gegen $ 3 Gebühr), Metro „Metro Center“.

‹ Lincoln-Literatur im Center for Education and Leadership

Georgetown und Northwest

Im **Nordwesten** der Hauptstadt warten nicht nur einzelne Attraktionen wie National Cathedral, National Zoo oder Woodrow Wilson House, sondern diese Ecke der Hauptstadt steht vor allem für lebhafte, bunte Viertel. Ganz oben steht das historische Georgetown, aber auch Adams Morgan oder der U Street Corridor lohnen einen Bummel. Hier zeigt sich nämlich die Hauptstadt von ihrer „menschlichen Seite".

052wa-mb

38 Georgetown ★★★ [B4]

Georgetown verkörpert die „andere Seite" der Hauptstadt: unkompliziert, bunt, umtriebig – ein Paradies zum Bummeln, Shoppen und Ausgehen. Es gibt jedoch auch beschauliche historische Wohnviertel und rings um die Georgetown University prägen Studenten das Bild.

Wo später die Hauptstadt am Potomac River entstehen sollte, lebten ursprünglich die Piscataway Indianer – heute eine eigenständige Nation im Bundesstaat Maryland. Im 18. Jh. hatten sich weiße Siedler dazugesellt, die Tabakanbau betrieben. Damit verbunden wurde 1751 eine Inspektionsstelle eingerichtet und um diese herum entstand ein kleines Dorf mit Hafen – der Kern des späteren Georgetown. 1789 zur Stadt ernannt, wurde es zugleich Universitätssitz. Mit ihrem historischen Campus zählt die **Georgetown University** zu den ältesten katholischen Hochschulen der USA.

1871 wurde Georgetown in den District of Columbia integriert, verlor seine Unabhängigkeit und geriet in Vergessenheit. Erst in den 1930er-Jahren entdeckte die Washingtoner Elite den Ort als **gute Wohnadresse**, beispielsweise zog John F. Kennedy hierher (3307 N St.) und auch andere Politiker wohnen gerne in Georgetown, z. B. der ehemalige Präsidentschaftskandidat John Kerry.

Besonders das lebhafte Zentrum um die **Kreuzung M St./Wisconsin Ave.** lädt zum Bummeln ein. Einige hübsche Häuschen aus der Kolonialzeit – wie das **Old Stone House** (s. S. 63) von 1765, das älteste Haus von D.C., das Ausstellungen zum Leben der Menschen im 18. und frühen 19. Jh. zeigt – bringen etwas vom alten Glanz zurück und entlang des **Chesapeake & Ohio Canal**, der vom Potomac River abgezweigt wurde, hat man die alten Lagerhallen renoviert und anderen Zwecken zugeführt.

Schon **George Washington** hatte die Idee gehegt, den Potomac River mit dem Ohio River jenseits der Appalachen durch einen Kanal zu verbinden. Die Arbeiten begannen 1828, eröffnet wurde der **C&O Canal** mit seinen 74 Schleusen auf rund 300 km

Idyllische Promenade an Georgetowns C&O Canal

EXTRAINFO

Zwischen Dupont und Logan Circle

Der **Dupont Circle** im Nordwesten von Downtown wurde nach dem Bürgerkriegshelden Admiral Samuel F. Dupont benannt. Er ist einer der Hauptknotenpunkte der Stadt, auch verkehrstechnisch. Im Zentrum befindet sich ein kleiner Park um einen Brunnen von Daniel Chester French. Im Umkreis gibt es einige Attraktionen wie **Heurich House** 39, **Phillips Collection** 40 und **Woodrow Wilson House** 41, außerdem liegt hier die **Embassy Row.** Letztere bezeichnet einen Abschnitt der Massachusetts Ave. mit mehreren Botschaftsgebäuden. Zugleich ist das Areal zwischen Dupont Circle und dem weiter östlich liegenden Logan Circle ein beliebter Treff der LGBT-Szene (s. S. 114).

Länge 1850. Er verband Georgetown mit der Ortschaft Cumberland/Maryland. Streng genommen war der Kanal schon bei seiner Eröffnung überflüssig, denn längst war die Baltimore & Ohio Railroad in Betrieb gegangen. So geriet der Kanal in Vergessenheit und wurde erst in den 1930er-Jahren als Teil des Nationalparksystems restauriert und zum Freizeitareal.

Zu den Sehenswürdigkeiten von Georgetown gehört das im Norden liegende **Dumbarton Oaks** (s. S. 60), ursprünglich das Landgut eines Schotten aus der Stadt Dumbarton. 1801 war ein prächtiges Herrenhaus mit Gartenanlage entstanden, die auf Geheiß des späteren Besitzers Robert Bliss, des ehemaligen US-Botschafters in Schweden und Argentinien, zum Zentrum und Museum für Byzantinistik und frühes Christentum umgestaltet wurde.

› **Anfahrt:** Georgetown ist ab Washington Circle (Metro „Foggy Bottom-GWU") über die Pennsylvania Ave. gut zu Fuß erreichbar oder per DC Circulator (s. S. 128).

•7 [A3] **Georgetown University,** 37th/O St., www.georgetown.edu/admissions/plan-your-visit

› An einem Wochenende Ende April findet der **Georgetown French Market** auf dem Book Hill (Wisconsin Ave./P. St. NW) statt, mit Verkaufs- und Essensständen sowie Straßenkünstlern und Livemusik. Infos: www.georgetowndc.com/events/signature-event/french-market.

39 Heurich House – Brewmaster's Castle ★ [D3]

Zu den wenig bekannten Sehenswürdigkeiten der Hauptstadt zählt das historische Heurich House, nur wenige Schritte südwestlich des Dupont Circle. 1892 bis 1894 wurde das **schlossartige Wohnhaus** im Auftrag des Deutschen **Christian Heurich** errichtet. 1842 in Thüringen geboren, war der gelernte Bierbrauer nach dem Tod der Eltern 1866 in die USA gelangt und hatte 1873 in Washington eine **Brauerei** eröffnet. Diese wuchs zur größten der Stadt heran und überlebte auch die Prohibition. Bis zu seinem Tod 1945 – da war er 102 Jahre alt – war Heurich in die Brauereigeschäfte involviert, bis 1956 war diese in Betrieb. 1959 wurde das große Brauereigebäude am Potomac River abgerissen und das Grundstück der Stadt für den Bau des John F. Kennedy Center (s. S. 74) überlassen.

Heurich, der auch als Immobilienmakler aktiv war, ließ sein Wohnhaus, das er mit seiner dritten Ehefrau Mathilda bewohnte, auf **damals modernstem Stand** und komplett feuerfest ausstatten und man sprach deshalb auch vom „**Brewmaster's Castle**". Es gab z. B. einen Aufzug und die Möblierung und das Dekor waren elegant im Stil der Zeit (Empire). Die Ausstattung, noch zu 90 % original, zeigt jedoch auch die Liebe des Hausherrn zu seiner Heimat. Im Keller gab es eine „**Bierstube**", die auch als Frühstücksraum diente und wie das übrige Haus mit viel dunklem Holz und Schnitzereien (ausgeführt von deutschen Handwerkern) dekoriert war.

› 1307 New Hampshire Ave. NW, www.heurichhouse.org, Touren Do./Fr./Sa. 11.30/13/14.30 Uhr, $ 10, Veranstaltungen wie Verkostungen mit lokalen Brauereien, Oktoberfest oder Christkindlmarket, Metro „Dupont Circle"

40 Phillips Collection ★ [D3]

Die Phillips Collection gilt als das erste Museum für moderne Kunst in den USA. Es wurde 1921 in einem Georgian-Revival-Bau auf Initiative von **Duncan Phillips** eröffnet. Phillips hatte beim Sammeln weniger auf Marktwert und große Namen geachtet, sondern sich v. a. von seinem Geschmack leiten lassen. Kernstücke der Sammlung sind die Werke bedeutender **Impressionisten** und **Nachimpressionisten** – z. B. Renoir, van Gogh, Cézanne oder Degas –, aber auch **moderne Künstler** wie Picasso, Klee, Bonnard oder Matisse sind vertreten. Das Museum ist außerdem für sein vielseitiges Veranstaltungsprogramm bekannt.

› 1600 21st St. NW, www.phillipscollection.org, Di.–Sa. 10–17, So. 12–18.30 Uhr, werktags freiwillige Spende, Sa./So. $ 10, Sonderausstellung $ 12, 1. Do. im Monat „Phillips after 5" mit Livemusik, Entertainment, Bar etc. ($ 12), Okt.–Mai So. 16 Uhr Sunday Concerts (Details s. Website), mit Museumscafé, Metro „Dupont Circle".

41 Woodrow Wilson House Museum ★ [C2]

In einem äußerlich eher unauffällig schlichten Haus im Georgian Style lebte der 28. Präsident der USA, **Woodrow Wilson**, geboren 1856 in Staunton/Virginia und von 1913 bis 1921 im Amt. Es handelt sich um den „**Altersruhesitz**" des Politikers, den er sich für $ 150.000 – dem Geld, das er für den Friedensnobelpreis bekommen hatte, plus einem Darlehen von Freunden – 1920 gekauft hatte. Er lebte hier von 1921 bis zu seinem Tod (drei Jahre später) mit seiner Frau Edith, die das Haus danach noch weitere 37 Jahre bewohnte.

Ausgestellt sind hier heute **persönliche Gegenstände** Wilsons wie Kleidung, Stöcke, Gobelins, Dokumente und andere Memorabilia. Wilson war vor Clinton der einzige Präsident, der auch nach der Amtsniederlegung in D.C. blieb, und er ist der einzige Präsident, der in der Stadt – in der Washington National Cathedral 44 – bestattet ist.

› 2340 S St. NW, www.woodrowwilsonhouse.org, $ 10, Febr.–Dez. Mi.–Sa. 10–16, Di./So. 12–16 Uhr, Touren 10/12–15 Uhr, Metro „Dupont Circle"

42 Shaw District/U Street ★ [E2]

Der U Street Corridor, mit Kern um die Kreuzung 14th St./U St., ist Teil des **Shaw Neighborhood** und war einst das **Zentrum der afroamerikanischen Kultur**, und das sogar früher als das berühmte New Yorker Stadtviertel Harlem. Die U Street wurde einst „Black Broadway" genannt, Bars, Klubs und Institutionen wie der „Club Bali", einer von wenigen nicht nach Rassen getrennten Etablissements, reihten sich hier auf. Zudem erblickte im Viertel mit **Duke Ellington** (1899–1974) einer der größten Jazzmusiker das Licht der Welt.

Seit einigen Jahren ist auch in diesem Viertel eine Gentrifizierung im Gange. Dennoch erinnert heute noch vieles an die einst lebendige afroamerikanische Kultur und an die Geschichte des Viertels von den 1920er- bis in die 1960er-Jahre. Beispielsweise befindet sich neben der Metro-Station „U Street" das **African-American Civil War Memorial**, das an die afroamerikanischen Soldaten erinnert, die im Bürgerkrieg auf Seiten der Union kämpften. Nur wenige Schritte weiter bietet das **African-American Civil War Museum** (s. S. 60) weitere Informationen. An der westlichen Gebäudewand ist ein Wandbild von Duke Ellington zu sehen.

Gegenüber des Memorials traten in den **Bohemian Caverns** einst Jazzstars wie Louis Armstrong, Ella Fitzgerald, Billie Holiday oder Duke Ellington auf und ein Stückchen weiter auf der U Street folgt **Ben's Chili Bowl** (s. S. 69), ein Imbiss, in dem auch Ex-Präsident Obama oft Gast war. Benachbart ist das **Lincoln Theatre** (s. S. 75) – eine weitere legendäre Jazzbühne mit Geschichte. Hier befand sich von 1922 bis zur offiziellen Aufhebung der Rassentrennung 1964 eines der größten und elegantesten Theater der afroamerikanischen Gemeinde.

Das **Howard Theatre** (610 T St. NW, http://thehowardtheatre.com) war in den 1970er-Jahren eines der größten afroamerikanischen Theater. Nach einer Restaurierung wurde es wieder eröffnet. Seit den 1960er-Jahren geschlossen sind dagegen das **Dunar Theater** (1901–1903 7th St. NW) wie auch das legendäre **Whitelaw Hotel** (1839 13th St. NW), das heute als Wohnhaus dient. Sehenswert ist der **O Street Market** (800 P St. NW), eine von drei historischen Markthallen der Stadt aus dem späten 19. Jh. Der Komplex beherbergt heute teure Apartments.

Nach der Ermordung Martin Luther Kings kam es 1968 zu Unruhen und Verwüstungen, danach geriet das Viertel zunächst in Vergessenheit und erst in den letzten Jahren erlebt es ein Revival: Die Klub- und Musik-, Bar- und Restaurantszene macht es zusammen mit dem angrenzenden Adams Morgan ㊸ zu einem der populärsten Viertel in der Hauptstadt zum Bummeln und Ausgehen.

› Metro „U Street"
› **Infos:** Greater U Street Neighborhood Visitor Center, 1211 U St. NW (neben Ben's Chili Bowl), www.culturaltourismdc.org/portal/u-street-vistor-center, tgl. 10–20 Uhr, ohne Servicepersonal. Hier oder unter www.culturaltourismdc.org/portal/830) gibt es einen Plan und Mobile Apps zum „Greater U Street Heritage Trail".

㊸ Adams Morgan ★ [D1]

An den U Street Corridor schließt sich im Westen „**AdMo**" an – man kann es von dort leicht zu Fuß erreichen. Der heutige Name des Viertels geht auf zwei Schulen zurück, die in den 1960er-Jahren friedlich und ohne Aufhebens die Rassentrennung aufhoben. Heute handelt es sich um eines der multikulturellsten und pulsierendsten Viertel der Stadt: von Latinos bis zu Afrikanern, von jungen, hippen Washingtonians, die in den schicken Apartmenthäusern wohnen, bis zu alteingesessenen *Locals* in viktorianischen Reihenhäuschen an der 18th St., von Künstlern über Aktivis-

EXTRATIPP

Funk Parade auf der U Street

Anfang Mai findet dieses **Straßenfest** mit großem Umzug, Ständen u. a. Vergnügungen sowie Livemusik am Abend in verschiedenen Klubs statt.

› Infos: http://funkparade.com.

ten bis zu Unternehmern – hier ist alles vertreten.

Die Hauptachse ist die **18th St. NW** (Florida Ave.–Columbia Rd.) und um die Kreuzung mit der **Columbia Rd. NW** (und auf dieser zwischen 16th St. und Wyoming Ave. NW) schlägt das Herz des Viertels. Eine Reihe von ausgefallenen Lokalen und Bars, kleine Läden, die exzentrische Waren und viel Retro- und Vintage-Mode sowie -Accessoires anbieten, lohnen einen Besuch.

› **Infos:** http://washington.org/topics/adams-morgan und www.culturaltourismdc.org/portal/816; DC Circulator (s. S. 128): Ecke 18th St. NW/Columbia Rd. NW

44 Washington National Cathedral ★ [af]

Eine der Sehenswürdigkeiten in „Upper Northwest" – kein eigentliches Viertel, sondern der ganze Nordwesten der Hauptstadt – ist die mächtige Washington National Cathedral, offiziell: **Cathedral Church of St. Peter and St. Paul.** 1907 war mit dem Bau im neugotischen Stil begonnen worden. Bei der Grundsteinlegung war Präsident „Teddy" Roosevelt zugegen. Es sollte bis 1990 dauern, ehe die gegenwärtig sechstgrößte Kathedrale der Welt und zugleich die zweitgrößte in den USA fertiggestellt und im Beisein des damals amtierenden Präsidenten George H. W. Bush eingeweiht wurde. 2011 wurde sie beim Erdbeben beschädigt und dann bis 2016 renoviert. Heute erstrahlt das Gebäude wieder im alten Glanz.

Die Kathedrale ist **Sitz des obersten Bischofs** der Episkopalen Kirche der USA und wird auch bei Staatsbegräbnissen genutzt. Beerdigt wurden hier z. B. Präsident **Woodrow Wilson** und seine zweite Frau Edith. Zu den ungewöhnlichen Ausstattungsgegenständen gehören die fantasievollen **Wasserspeier**, u. a. ist Darth Vader aus „Star Wars" an einem der Türme dargestellt. Berühmt ist der Männer- und Knabenchor der Kirche. Nicht versäumen sollte man den Ausblick von der **Pilgrim Observation Gallery** auf die Stadt und eine Pause im Bishop's Garden.

› 3101 Wisconsin Ave. NW, www.cathedral.org, Mo.–Fr. 10–17.30, Sa. 10–16.30, So. 13–16 Uhr, Eintritt $ 12, versch. Touren, Kirchen- und Chormusik (meist Gebühr), Garten: Sonnenaufgang bis Sonnenuntergang, Metro „Cleveland Park"

45 Smithsonian's National Zoo ★ [bf]

Eine weitere Attraktion in Upper Northwest ist der National Zoo, Teil der Smithsonian Institution. Bisher war der Zoo vor allem wegen der beiden **Pandas** Tian Tian und Mei Xiang in den Schlagzeilen, doch auch andere seltene Tiere sind hier zu Hause: Rote Pandas, Nebelparder oder japanische Riesensalamander beispielsweise und natürlich auch die üblichen Zoolieblinge wie Löwen, Tiger, Bären oder Elefanten.

› 3001 Connecticut Ave. NW, https://nationalzoo.si.edu, tgl. 9 bis mind. 16 Uhr, Eintritt frei, Metro „Cleveland Park"

Ausflüge

46 Arlington National Cemetery ★★★ [A7]

Nicht weit vom Lincoln Memorial 6 entfernt, aber bereits im Bundesstaat Virginia, liegt idyllisch auf parkartigem, hügeligem Terrain ein unvorstellbar großes Gräberfeld: der Soldatenfriedhof Arlington.

Jenseits des Potomac River fällt der Blick auf die Stadt Arlington mit den einzigen Wolkenkratzern im Umkreis der Hauptstadt. Vom Lincoln Memorial ist es über die **Arlington Memorial Bridge** – von Joseph Baermann Strauss (1870–1938), dem Erbauer der Golden Gate Bridge in San Francisco – zu Fuß nur ein Katzensprung zum Soldatenfriedhof.

Der **Arlington National Cemetery** wurde 1864 während des Bürgerkriegs auf dem Land der Custis-Lee-Familie angelegt, zu der auch der Oberbefehlshaber der Südstaatenarmee, Robert E. Lee, gehörte. Heute verteilen sich **rund 400.000 Gräber** auf 250 ha Fläche – eine fast unüberschaubare Totenstadt mit eigenem Flair (Plan im Besucherzentrum). In erster Linie werden aktive US-Soldaten bestattet, aber auch deren Ehepartner und minderjährigen Kinder sowie Veteranen, die 20 Jahre gedient haben und ehrenvoll entlassen wurden, haben ein Recht, hier zu ruhen. Auch Präsidenten dürfen sich bestatten lassen, ebenso Politiker, die einst im Militär dienten und – ausnahmsweise – Persönlichkeiten aus anderen Bereichen, z. B. der Boxer Joe Louis, Schauspieler Lee Marvin oder die beiden bei der Explosion der Challenger 1986 umgekommenen Astronauten Francis Dick Scobee und Michael Smith.

EXTRATIPP

Grandioser Ausblick

Auf dem CEB Tower in Arlington befindet sich seit 2018 die höchste Aussichtsplattform im Großraum, The View of DC. Das **Observation Deck im 30. Stock** bietet einen fantastischen Rundumblick, dazu gibt es die interaktiven **„Windows into History"**, die über wichtige Ereignisse und einflussreiche US-Persönlichkeiten informieren.

- •8 [A5] **The View of DC,** 1201 Wilson Blvd., Arlington, Mo.–Fr. 10–20, Sa./So. 9–20 Uhr, $ 22, www.theviewofdc.com, Metro „Rosslyn"

110wa-Washington.org

Am **Grab des Unbekannten Soldaten**, das 1921 unter Woodrow Wilson entstanden ist, findet regelmäßig ein beeindruckend akkurater **Wachwechsel** statt (Apr.–Sept. halbstündl., sonst stündl. rund um die Uhr). Die 3rd United States Infantry – **„The Old Guard“** – mit rund 1300 Soldaten ist hierfür zuständig. Sie begleitet zudem jährlich etwa 3500 offizielle Zeremonien.

Ein Hauptanziehungspunkt auf dem Friedhof ist das schlichte **Grab von John F. Kennedy** (*1917), der 1963 einem Attentat zum Opfer fiel. Vor dem Aufgang zum Grab sind wichtige Zitate von Kennedy auf einer geschwungenen Mauer zu lesen. Neben John F. Kennedy sind auf dem Areal zwei seiner Kinder begraben und seine Frau, Jacqueline Kennedy Onassis (1929–1994). Mit schlichten weißen Kreuzen markiert ist das Grab seines Bruders **Robert Francis Kennedy** (1925–1968), der ebenfalls ermordet wurde, und auch Ex-Senator **Ted Kennedy** (1932–2009) liegt hier. JFK erhielt eine gasbetriebene **Ewige Flamme**, die bei der Beerdigung von Jacqueline angezündet wurde und seither konstant brennt. Die Asche von Kennedys Sohn John F. Kennedy, Jr., der bei einem Flugzeugunglück 1999 ums Leben kam, wurde über dem Atlantik verstreut.

Außer Kennedy ist auf dem Friedhof noch ein zweiter Ex-Präsident bestattet: **William Howard Taft** (1857–1930), der 1908 bis 1913 die Geschicke der USA lenkte. Erhöht steht das 1802 bis 1818 erbaute **Arlington House** (s. S. 60) auf dem ehemali-

Blick von der Aussichtsplattform des CEB Tower auf den Potomac River

EXTRATIPPS

Theodore Roosevelt Island

Der 26. Präsident der USA, Theodore Roosevelt, hatte sich für die Ausweisung von Nationalparks eingesetzt und galt als sehr naturverbunden. Daher wurde ihm zu Ehren ein Park auf einer Insel im Potomac River als Gedenkstätte eingerichtet. In den 1930er-Jahren wurde „Mason's Island“ zum Wildlife Sanctuary mit Trails und einer Roosevelt-Statue auf der Memorial Plaza umgestaltet.

- **9** [B5] **Theodore Roosevelt Island,** www.nps.gov/this, über die Roosevelt Memorial Bridge (ab Metro „Rosslyn“)

Denkmal für die „Ledernacken“

Das **Iwo-Jima-Denkmal** ehrt die Eliteeinheit der U.S. Marines, die von George Washington 1775 ins Leben gerufenen „Ledernacken“. Von den dargestellten sechs Soldaten, die die Flagge hissen, sind drei während des Zweiten Weltkriegs gefallen. Bei der Person im Hintergrund handelt es sich um einen Pima-Indianer, der für die Ureinwohner und ihre wichtige Rolle bei der Nachrichtenübermittlung im Kampf gegen die Japaner (diese konnten die Indianersprache nicht entschlüsseln) steht. Felix W. de Weldon hat das Monument nach einem Foto von 1945 von Joe Rosenthal von AP entworfen.

- **10** [A6] **U.S. Marine Corps War Memorial Iwo Jima Statue,** Rte. 50, www.nps.gov/gwmp/planyourvisit/usmc_memorial.htm, tgl. 6–24 Uhr, Metro „Rosslyn“/„Arlington Cemetery“; zu Fuß vom Arlington Cemetery durch das Ord-Weitzel Gate (N) vorbei am Glockenturm „Netherlands Carillon“

gen Land von George Washington Parke Custis, einem Enkel von Martha und George Washington. Custis' Tochter, die 1831 Robert E. Lee heiratete, wohnte hier bis 1861, dann wurde das Gebäude in Army Headquarters umgewandelt. Im Haus gibt es Erinnerungsstücke der Familien Custis, Lee und Washington zu sehen, außerdem bietet sich von hier ein guter Blick über den Friedhof.

Im Süden des Friedhofs befindet sich das **Pentagon** (s. S. 63) – das Verteidigungsministerium –, das mit je 280 m langen Außenwänden und einer Fläche von rund 135.000 m² eines der größten Gebäude der Welt darstellt.

› Memorial Dr., www.arlingtoncemetery.mil, Apr.–Sept. tgl. 8–19, sonst bis 17 Uhr, Eintritt frei, Bustouren mit Kommentar siehe www.arlingtontours.com, zudem Gratis-App „ANC Explorer" (kostenlos für Android und iOS), Metro „Arlington Cemetery"

•11 [A7] **Arlington Welcome Center,** 1 Memorial Ave., am Friedhofszugang, tgl. 8–17 bzw. April–Sept. 8–19 Uhr. Ausstellungen, Bookstore und Infos.

47 Frederick Douglass NHS/Anacostia ★ [ci]

Am anderen Ufer des Anacostia River, gegenüber Navy Yard und Nationals Park, liegt das Viertel **Anacostia.** Interessant ist hier die **Frederick Douglass National Historic Site,** die an den ehemaligen Sklaven Douglass (1817–1895) erinnert, der als vehementer Gegner der Sklaverei besonders in Neuengland berühmt wurde und später sein Leben literarisch verarbeitet hat. Er lebte in diesem Haus von 1877 bis zu seinem Tod 1895. Die Ausstellung erzählt von seinem Leben und seinem Kampf und zeigt persönliche Hinterlassenschaften.

› 1411 W St. SE, www.nps.gov/frdo, tgl. 9–17 Uhr, $ 1 (Reservierungsgebühr Haus-Tour), Metro „Anacostia"

Alexandrias Vergnügungsareal

055wa-Capital Wheel

48 Alexandria ★★

Alexandria liegt **rund 10 km südlich** der Hauptstadt. Die alte Hafenstadt am Potomac River wurde bereits um 1730/40 von schottischen Kaufleuten gegründet. Ursprünglich befand sich das Städtchen in dem 1790 ausgewiesenen 10-Meilen-Quadranten für die neu geplante Hauptstadt, doch 1846 wurde der „Virginia-Anteil" auf Kongressbeschluss wieder an den Staat zurückgegeben. Zu Beginn des Bürgerkriegs, am 24. Mai 1861, wurde die Hafenstadt von Unionstruppen besetzt, aber da sie als Material- und Nachschubbasis diente, nie zerstört. Aus diesem Grund sind in der Altstadt zahlreiche historische Bauten erhalten.

Der Stadtkern breitet sich um die **King Street** und um die Riverfront am Potomac River aus. In viele der historischen Gebäude sind Galerien, Boutiquen, Restaurants, Cafés und Bars eingezogen. Sehenswert sind neben der **Christ Church** (Cameron/N. Washington St.) von 1767 einige historische Häuser wie das **Gadsby's Tavern Museum** – im späten 18. Jh. Lieblingskneipe zahlreicher Politiker – oder das **Carlyle House** von 1752. In die im Bürgerkrieg entstandene Torpedofabrik am Ufer sind das **Torpedo Factory Art Center** und das **Archaeology Museum** eingezogen.

Auf der gegenüberliegenden Seite des Potomac River, erreichbar per Fähre, liegt das Einkaufs- und Vergnügungsviertel **National Harbor** mit dem **Capital Wheel**, einem Riesenrad, von dem aus sich ein spektakulärer Blick auf Fluss und Hauptstadt bietet.

› Metro „Alexandria"

› **Gadsby's Tavern Museum,** 134 N. Royal St., www.alexandriava.gov/GadsbysTavern, April–Okt. Di.–Sa. 10–17, So./Mo. 13–17 Uhr, sonst: Mi.–Sa. 11–16, So. 13–16 Uhr

•12 **National Harbor,** mit **Tanger Outlets** und **Capital Wheel** ($ 15 plus tax), www.nationalharbor.com, Water Taxi: www.potomacriverboatco.com

M13 **Torpedo Factory Art Center,** 105 N Union St., http://torpedofactory.org, tgl. 10–18, Do. bis 21 Uhr, Eintritt frei. **Archaeology Museum,** http://alexandriava.gov/Archaeology, Di.–Fr. 10–15, Sa. 10–17 Uhr, Eintritt frei.

49 Mount Vernon ★★★

Am Hochufer des Potomac River steht das historische Anwesen des ersten US-Präsidenten. Besucher dürfen einen Blick in die gute – und sehr bescheidene – Stube von George Washington und seiner Familie werfen.

Etwa 20 km südlich von D.C. befindet sich Mount Vernon, die Heimat von **George Washington.** Sein Anwesen liegt erhöht über dem Fluss (mit Flusspromenade) und wird von ausgedehnten Gärten umgeben. Der **erste Präsident der USA** (im Amt 1789–1797) hatte seinen Besitz nach Admiral Vernon, seinen vormaligen Militärchef bei der britischen Flotte, benannt. Schon nach damaligen Maßstäben galt der Besitz als groß: Über 300 Sklaven arbeiteten für den gestrengen Herrn, rund 90 wohnten in unmittelbarer Nähe in schlichten Backsteinhäusern bzw. in Hütten in der Nähe der Tabak- und Weizenfelder. Washington ließ nach dem Unabhängigkeitskrieg alle frei und war damit seiner Zeit weit voraus.

1674 hatte Washingtons Urgroßvater John Washington das Land per Zuteilung erhalten und ein erstes Haus erbaut. Im Jahr 1726 übernahm Augustine Washington, der Va-

056wa-Capital Region USA

ter des späteren Präsidenten, den Besitz. Nach seinem Tod 1743 wohnte dann Georges älterer Halbbruder Lawrence auf Mount Vernon. Als dieser 1754 verstarb, pachtete George Washington das Gut von seiner Schwägerin und begann mit Umbauarbeiten. Bei ihrem Tod 1761 erbte er Mount Vernon und zog mit seiner Frau Martha Dandridge Custis ein. 1799 starb George Washington hier und wurde in der alten Familiengruft auf dem Grundstück begraben. Martha kam über seinen Tod nie hinweg und betrat das gemeinsame Schlafzimmer bis zu ihrem Tod 1802 nie wieder. 1858 erwarb die Mount Vernon Ladies' Association das Landgut und machte es als Denkmal der Öffentlichkeit zugänglich.

Washingtons Wohnhaus und sein Interieur wirken eher **„gutbürgerlich"**, keinesfalls „luxuriös". Man empfing hier ständig Gäste und diese wussten die gepflegte Atmosphäre zu schätzen. Besucher können heute Bibliothek, Speise-, Schlaf- und Sterbezimmer im Rahmen von **Touren** besichtigen. Daneben liegen die Sklavenquartiere, das Ford Orientation Center und das Donald W. Reynolds Museum & Education Center mit Theatern und Ausstellungen über Washington und seine Zeit.

› George Washington Pkwy. (ab US Hwy 1, ausgeschildert), www.mountvernon.org, April–Okt. tgl. 9–17, sonst 9–16 Uhr, $ 20 (online $ 18), mit Restaurant und Shop. Metro „Huntington", dann Fairfax Connector Bus #101 (ca. 20 Min. bis direkt zum Eingang, www.fairfaxcounty.gov/connector).

Mount Vernon, das Anwesen George Washingtons

WASHINGTON ERLEBEN

004wa-mb

Washington für Kunst- und Museumsfreunde

In Washington ist es einfach, Museumsfan zu werden. Zum einen findet sich angesichts der Angebotsfülle für jeden etwas Passendes, zum anderen sind die meisten Museen gratis zugänglich. Viele stehen unter Ägide der Smithsonian Institution und liegen besichtigungstechnisch günstig an der National Mall.

Museen

Zu den **am meisten besuchten Attraktionen** in Washington zählen das Lincoln Memorial (7,9 Mio.), das National Air and Space Museum (7,5 Mio.) und das National Museum of Natural History (7,1 Mio.), gefolgt vom National Museum of American History (3,8 Mio.), World War II Memorial, Vietnam Veterans Memorial, Korean Memorial und Franklin D. Roosevelt Memorial. Ebenfalls beliebt sind der Rock Creek Park, das Thomas Jefferson Memorial und der National Zoological Park.

14 [F2] **African-American Civil War Memorial & Museum,** 1925 Vermont Ave. NW, www.afroamcivilwar.org, Di.–Fr. 10–18.30, Sa. 10–16, So. 12–16 Uhr, Eintritt frei. Kleines, interessantes Museum zur Rolle der Afroamerikaner während des Bürgerkriegs. Vielerlei Veranstaltungen.

15 [ah] **Arlington House,** www.nps.gov/arho, tgl. 10–16 Uhr (Visitor Center), Eintritt frei. Das Haus ist noch **bis Herbst 2019 wegen Renovierungen geschlossen.** Ehemaliges Wohnhaus des legendären Oberbefehlshabers der Südstaaten-Armee Robert E. Lee auf dem Grund des Arlington National Cemetery.

Vorseite: Blick vom Lincoln Memorial 6 über die Mall

16 [D5] **Art Museum of the Americas (AMA),** 201 18th St. NW, www.museum.oas.org, Di.–So. 10–17 Uhr, Eintritt frei. Wechselausstellungen zur modernen und zeitgenössischen Kunst aus Lateinamerika und der Karibik. Nicht allzu groß, aber sehenswert. Mit Garten zum Ausruhen.

17 [E7] **Bureau of Engraving and Printing (BEP),** 14th/C St. SW, Visitor Entrance: 14th/C St. (Metro „Smithsonian"), www.moneyfactory.gov, Visitor Center 8.30–15/18 Uhr, regelmäßig Touren (März–Aug. 9–18, sonst 9–14 Uhr, Tickets nötig, Ticketstand: Raoul Wallenberg Pl./15th St., ab 8 Uhr nach „first-come, first-served"). Hier werden seit 1877 das amerikanische Geld und wichtige Dokumente gedruckt.

18 [F5] **District Architecture Center,** 421 7th St. NW (Metro „Archives"), Mo.–Mi. 10–19, Do./Fr. 10–17 Uhr, Eintritt frei, http://aiadc.com. Zur Washington Architectural Foundation (WAF) und der lokalen Sektion des American Institute of Architects (AIA/DC) gehört eine Galerie und in dieser finden interessante Wechselausstellungen zur Architektur in D.C. statt. Auch Veranstaltungen und Touren.

19 [B3] **Dumbarton House,** 2715 Q St. NW (Metro Dupont Circle), http://dumbartonhouse.org, Febr.–Dez. Di.–So. 11–15 Uhr, $ 10. Schönes Beispiel für ein Wohnhaus aus dem frühen 19. Jh. mit authentischer Innenausstattung.

20 [B2] **Dumbarton Oaks Museum and Gardens,** 31st./R St., www.doaks.org, Museum tgl. 11.30–17.30 Uhr (Eintritt frei), Garten Di.–So. 14–17/18 Uhr, $ 10. Landhaus aus dem 19. Jh., das von einer romantischen Gartenanlage umgeben ist. Neben dem Museum gibt es eine Forschungseinrichtung für Byzantinistik.

EXTRAINFO

Smithsonian Institution
Informationen zu allen zur Smithsonian Institution gehörigen Museen (unten mit „SI" gekennzeichnet), gibt es im **Smithsonian Institution Building – The Castle** 14 bzw. unter www.si.edu/museums. Die Museen sind im Allgemeinen **tgl. von 10 bis 17.30 Uhr geöffnet** und alle **gratis** zu besuchen. Sie unterliegen dem „Federal Government Operating Status", d. h. sie schließen wie die staatlichen Regierungseinrichtungen an bestimmten Feiertagen, bei Schneefall u. a. Naturereignissen.

37 [F5] **Ford's Theatre NHS.** In dem Theater, in dem Lincoln erschossen wurde, und in benachbarten Gebäuden gibt es Ausstellungen zum Präsidenten und seiner Zeit (s. S. 48).

47 [ci] **Frederick Douglass NHS.** Letzter Wohnsitz des als Sklave geborenen Afroamerikaners Douglass, der sich für die Gleichheit der Afroamerikaner einsetzte (s. S. 56).

16 [F6] **Freer Gallery of Art** (SI). V. a. Kunst aus Ostasien, Südasien, Indien, Südostasien, Ägypten, Griechenland und dem antiken Vorderasien. Mit der Sackler Gallery zusammengehörig (s. S. 28).

M21 [G5] **German-American Heritage Museum,** 719 6th St. NW, http://gahmusa.org, Di.–Fr. 11–17 Uhr, Eintritt frei. Das erste Museum, das sich mit der über 400-jährigen Geschichte der deutschen Einwanderung in den USA befasst. Übersichtlich und informativ mit Hörproben, Filmen und Fotos, Dokumenten und Memorabilien.

39 [D3] **Heurich House.** Sehenswerte Stadtvilla eines deutschstämmigen Brauereibesitzers aus dem 19. Jh. (s. S. 50).

M22 [bf] **Hillwood Estate, Museum & Gardens,** 4155 Linnean Ave. NW, www.hillwoodmuseum.org, Di.–So. 10–17 Uhr, $ 18. Große Sammlung russischer Kunst und schöne Gartenanlage.

20 [F6] **Hirshhorn Museum** (SI). Sehenswerte Architektur, Sculpture Garden und moderne Kunst der Extraklasse (s. S. 30).

M23 [F4] **Historical Society of Washington D.C.,** 801 K St. NW, www.dchistory.org, Di.–Sa. 10–17, So. 12–17 Uhr, Eintritt frei. Forschungsbibliothek und Museum mit Dokumenten und Fotos zu 200 Jahren Lokalgeschichte. Interessante Dauerausstellung „Window to Washington", außerdem Wechselausstellungen.

31 [F7] **International Spy Museum.** Für alle, die mehr über Spionage wissen möchten – abseits der NSA-Affäre (s. S. 43).

M24 [ag] **Kreeger Museum,** 2401 Foxhall Rd. NW, www.kreegermuseum.org, Di.–Sa. 10–16 Uhr, Eintritt $ 10, auch Touren. Mit Sculpture Garden, Eintritt frei. Sammlung impressionistischer, aber auch afrikanischer und asiatischer Kunst.

26 [H6] **Library of Congress.** Diese Bibliothek ist schon wegen Architektur und Ausstattung sehenswert, dazu gibt es interessante Wechselausstellungen (s. S. 39).

M25 [F5] **Madame Tussauds Washington D.C.,** 1001 F St. NW, www.madametussauds.com/washington-dc/en, Öffnungszeiten saisonal unterschiedlich, meist tgl. 10–18 Uhr, $ 22 (online günstiger). Reise durch Amerikas Geschichte anhand von Wachsfiguren, außerdem interaktive Abteilungen wie „Sports Zone".

M26 [bg] **Mexican Cultural Institute,** 2829 16th St., www.instituteofmexicodc.org, Mo.–Fr. 10–18, Sa. 12–16 Uhr, Eintritt frei. Kulturzentrum in der ehemaligen mexikanischen Botschaft mit Veranstaltungen und Ausstellungen sowie sehenswertem Wandgemälde.

053wa-Washington.org

27 [G7] **Museum of the Bible,** 400 4th St SW, https://museumofthebible.org, tgl. 10–17 Uhr, $ 25 (online $ 20). Massiver Ziegelbau mit ungewöhnlich geschwungenem Glasdach und großen Bronzetüren zwei Blocks von der National Mall und drei Blocks vom Kapitol entfernt. Alles rund um die Bibel mit Dauer- und Wechselausstellungen auf fünf Etagen, zudem Restaurant mit „biblischem Garten" (Kräuter/Pflanzen, die schon in der Bibel vorkommen).

22 [G6] **National Air and Space Museum.** Einmalige Sammlung von Flugzeugen und Raumfahrtschiffen (s. S. 31).

34 [F6] **National Archives.** Neben Wechselausstellungen gibt es hier historische Dokumente wie die Unabhängigkeitserklärung zu sehen (s. S. 46).

28 [G5] **National Building Museum,** 401 F St. NW, Metro „Judiciary Square", http://nbm.org, Mo.–Sa. 10–17, So. 11–17 Uhr, $ 10, mit Café und Shop. Das Museum widmet sich in Wechselausstellungen verschiedenen Themen der Architektur, des Ingenieurwesens und Designs sowie des Städtebaus.

21 [G6] **National Gallery of Art** (SI). In zwei Gebäuden untergebrachte riesige Sammlung europäischer Kunst vom Mittelalter bis zum späten 19. Jh. und amerikanische sowie moderne/zeitgenössische Kunst. Zugehöriger Skulpturengarten (s. S. 30).

29 [E4] **National Geographic Museum,** 1145 17th St., tgl. 10–18 Uhr, $ 15, www.nationalgeographic.org/dc. Interessante Wechselausstellungen des weltberühmten populärwissenschaftlichen Magazins.

30 [G5] **National Law Enforcement Museum,** 444 E St. NW, https://lawenforcementmuseum.org, tgl. 10–18 (letzter Einlass 17 Uhr), Do bis 21 Uhr, $ 21,95. 2018 im Motorola Solutions Foundation Building am Judiciary Square neu eröffnet. Großteils unterirdische Ausstellung zur Geschichte der Polizei durch die Jahrhunderte. Vieles ist interaktiv und es gibt Ausstellungsstücke wie den U.S. Park Police Eagle One Helicopter oder einen nachgebauten Gefängnistrakt. Außerdem Memorabilien aus TV-Shows und Filmen sowie Hall of Remembrance.

17 [E6] **National Museum of African American History and Culture.** Museum über afroamerikanische Geschichte und Gegenwart in den USA in einem architektonisch interessanten Gebäude (s. S. 28).

15 [F6] **National Museum of African Art** (SI). Sammlung afrikanischer Kunst (s. S. 27).

18 [E6] **National Museum of American History** (SI). Hochinteressantes und überaus vielseitiges Geschichtsmuseum (s. S. 29).

19 [F6] **National Museum of Natural History** (SI). Riesiges Naturkundemuseum – nicht versäumen sollte man den Butterfly Pavilion (s. S. 29).

23 [G6] **National Museum of the American Indian** (SI). Architektonisch wie inhaltlich ein Highlight in D.C. (s. S. 33).

31 [I8] **National Museum of the US Navy,** 11th and O St. SE, Navy Yard Bldg. 70 und 76, www.history.navy.mil, Eintritt frei, werktags 9–16, Sa. 10–16 Uhr.

Metro „Navy Yard-Ballpark“, auch DC Circulator (s. S. 128). Infos zur Geschichte der Marine von der Amerikanischen Revolution bis heute.

32 [F4] **National Museum of Women in the Arts,** 1250 New York Ave. NW, Metro „Metro Center“, http://nmwa.org, Mo.–Sa. 10–17, So. 12–17 Uhr, $ 10, mit Shop. Ausschließlich Künstlerinnen aus aller Welt, vom 16. Jh. bis zur Gegenwart, stehen im Zentrum des National Museum of Women in the Arts. Dazu werden in sehenswerter Aufmachung immer wieder Wechselausstellungen gezeigt.

36 [F5] **National Portrait Gallery** (SI). Sehenswerte Sammlung von Porträtkunst. Highlight sind die Indianerporträts von George Catlin (s. S. 47).

33 [G6] **Newseum.** Grandioses multimediales Museum zur Presse und zum Presserecht, zu Medien, Zeitungen und vielen anderen aktuellen Aspekten (s. S. 45).

33 [B4] **Old Stone House,** 3051 M St. NW, www.nps.gov/olst, Eintritt frei, tgl. 11–19 Uhr. Ausstellung zum Leben im späten 18. Jh., mit kleinem Garten.

•**34** [ai] **Pentagon,** I-395/Columbia Pike/ Rte 27. Mo.–Do. 10–16, Fr. 12–16 Uhr kostenlose einstündige Touren durch die Zentrale des Verteidigungsministeriums, einer der größten Gebäudekomplexe weltweit (Anm. mind. zwei Wochen im Voraus: http://pentagontours.osd.mil).

40 [D3] **Phillips Collection.** Das älteste Kunstmuseum der USA, das sich ganz der modernen Kunst widmet (s. S. 51).

35 [D5] **Renwick Gallery/Smithsonian American Art Museum,** 1661 Pennsylvania Ave. NW/17th St., http://renwick.americanart.si.edu, Metro „Farragut West“, tgl. 10–17.30 Uhr, Eintritt frei. Kunsthandwerk und dekorative Kunst vom 19. Jh. bis zur Gegenwart.

Moderne Kunst der Extraklasse in der Phillips Collection **40**

16 [F6] **Sackler Gallery** (SI). Museum für asiatische Kunst, thematisch mit der Freer Gallery zusammengehörig (s. S. 28).

36 [F5] **Smithsonian American Art Museum** (SI). Ein Muss, da hier amerikanische Kunst der Extraklasse zu sehen ist. Zugehörig ist die Renwick Gallery mit Kunsthandwerk und Design (s. S. 47).

36 [H5] **Smithsonian National Postal Museum,** 2 Massachusetts Ave. NE, www.postalmuseum.si.edu, tgl. 10–17.30 Uhr, Eintritt frei, Metro „Union Station“. Hier kann man Briefmarken begutachten und alles, was mit der Postgeschichte zu tun hat.

37 **Steven F. Udvar-Hazy Center,** 14390 Air and Space Museum Parkway, Chantilly, VA, www.airandspace.si.edu, tgl. 10–17.30 Uhr, Eintritt frei, Filme kosten extra. Nur per Auto (Parkgebühr) bzw. mit Shuttlebussen vom Flughafen erreichbare Zweigstelle des National Air and Space Museum **22**.

38 [D5] **(George Washington University) Textile Museum,** 701 21st St. NW, http://museum.gwu.edu, Mo./Fr. 11–17, Mi./Do. 11–19, Sa. 10–17, So. 13–17 Uhr, $ 8. Webarbeiten, Teppiche, Wandbehänge u. a. von 3000 v. Chr. bis zur Gegenwart, koptisch und präkolumbianisch, türkisch, aus Kashmir und zeitgenössisch. Laden mit Textilien, Accessoires und Büchern.

11 [E6] **U.S. Holocaust Memorial Museum.** Informatives Museum über die weltweiten Judenverfolgungen (s. S. 24).

39 [dg] **U.S. National Arboretum,** 3501 New York Ave NE, www.usna.usda.gov, tgl. 8–17 Uhr, Eintritt frei, mit Visitor Center. Besonders im Frühjahr zur Azaleen- oder, etwas später, zur Rosenblüte erlebenswert. 22 original korinthische Säulen des U.S. Capitols wurden hier aufgestellt, außerdem State Trees und State Flowers aller 50 Staaten. Hiking

Trails, Japanischer Garten, Tramtouren am Wochenende, National Bonsai & Penjing Museum (tgl. 10–16 Uhr) und Kräutergarten.

❷ [E5] **White House Visitor Center.** Eher interaktives Museum als „Besucherzentrum" mit verschiedenen Ausstellungsbereichen zum White House und den hier einst wohnenden Präsidenten und deren Familien (s. S. 15).

M40 [E5] **Woodrow Wilson Center,** 1300 Pennsylvania Ave. NW, Mo.–Fr. 9–17 Uhr, www.wilsoncenter.org, Eintritt frei, im Ronald Reagan Building & International Trade Center. Multimediale Ausstellung zum Leben und Wirken des ehemaligen Präsidenten. Daneben dient das Center der politischen Fortbildung und Forschung.

㊶ [C2] **Woodrow Wilson House Museum.** Blick in das Wohnhaus des ehemaligen Präsidenten und seiner Frau (s. S. 51).

Kunstgalerien

Galerien konzentrieren sich v.a. in Downtown (7th St., im Bereich Metrostation „Gallery Place") und rund um den Dupont Circle (R St. und Connecticut Ave.) sowie in Georgetown, dort v.a. in den Seitenstraßen, die von der Wisconsin Ave. abgehen. Die meisten sind So./Mo. geschlossen. Eine vollständige Liste der Washingtoner Galerien findet sich online unter:

› http://art-collecting.com/galleries_dc.htm

G41 [A3] **Addison/Ripley Fine Art,** 1670 Wisconsin Ave., https://addisonripleyfineart.com, Di.–Sa. 11–17.30 Uhr. Hier ist interessante zeitgenössische Kunst zu sehen.

G42 [F5] **Flashpoint Gallery,** 916 G St. NW, www.culturaldc.org/flashpoint-gallery. Wechselausstellungen mit Werken junger Talente aus verschiedensten Genres und Medien.

Washington für Genießer

Washington gilt als „one of the most exciting restaurant cities on the East Coast" und hat über 2000 Restaurants aller Preiskategorien und Küchen zu bieten. Zahlreiche Lokale haben zudem in letzter Zeit Auszeichnungen erhalten und amerikaweit von sich Reden gemacht.

Bekannt für ihre Lokale sind die 8th SE (**Barracks Row,** H–D St.) nahe dem Eastern Market, **Adams Morgan,** der **U Street Corridor** mit vielen ethnischen Lokalen (äthiopischen!) und die Region um **Dupont und Logan Circle** bzw. entlang der die Viertel verbindenden **14th Street.**

Ein weiterer kulinarischer Treff ist **Georgetown,** besonders um die Kreuzung M St./Wisconsin Ave., wo es neben Studentenkneipen auch Fine-Dining-Lokale gibt.

Ausgewählte Lokale

Nachfolgend sollen einige Empfehlungen aus dem gastronomischen Angebot gegeben werden. Wo Reservierung sinnvoll ist, v.a. an Wochenenden und abends, wurde eine Telefonnummer zugefügt. Sofern nicht

EXTRATIPP

Restaurant Week

Im Januar und im August steht D.C. im Zeichen der **Restaurant Week** und dann gibt es günstige 2- oder 3-Gänge-Menüs (Lunch/Dinner zu $ 22/35) in Toplokalen.

› www.ramw.org/restaurantweek und https://washington.org/find-dc-listings/dc-events

Preiskategorien

Die bei folgenden Restaurants angegebenen Preiskategorien beziehen sich auf den Richtwert für ein Hauptgericht ohne Getränke. Mittagessen ist dank *lunch specials* häufig preiswerter.

$$$$	über $ 40
$$$	$ 25–40
$$	$ 15–25
$	unter $ 15

013wa-mb

anders angegeben, wird tgl. Lunch (mittags) und Dinner (abends) serviert. Die **Restaurant Tax** (MwSt.) wird auf den Grundpreis aufgeschlagen und beträgt 10 %.

Auf folgenden Websites kann man Restaurants nach verschiedenen Kriterien, z. B. Küchen, Preisen oder Vierteln, suchen:

- http://washington.org/topics/restaurants-food-wine
- www.zomato.com/washington-dc
- www.timeout.com/washington-dc/restaurants – die aktuell besten Restaurants in der Stadt
- https://dc.eater.com – News aus der Gastro-Szene

Sofern nicht anders angegeben, haben die nachfolgend gelisteten Restaurants **zum Mittag- und Abendessen geöffnet.** Besonders in besseren Lokalen und abends empfiehlt sich eine **Reservierung.**

Fine Dining – gehobene Küche

43 [F4] **Corduroy** $$$-$$$$, 1122 9th St. NW, Tel. 202 58980699, www.corduroydc.com, Mo.–Sa. Dinner. Sehr kreative Küche mit leicht asiatischem Touch, serviert im ungewöhnlichen Ambiente eines renovierten Reihenhauses. Mit kleiner Bar.

44 [C4] **Jardena Restaurant** $$-$$$, Tel. 202 9556400, www.melrosehoteldc.com/dining/menus, auch Frühstück. Schickes Restaurant im Melrose Hotel (s. S. 127), das nach dem „Farm to Fork"-Konzept arbeitet: Alle Zutaten sind frisch, saisonal und möglichst regionaler Herkunft. Zugehörige Lounge mit Bar.

45 [C4] **Juniper Restaurant** $$$, Tel. 202 4575020, www.fairmont.com/washington/dining/juniperrestaurant. Im Restaurant des Fairmont Hotels Georgetown (s. S. 124) setzt man auf „saisonal, regional, frisch". Besonders vielseitig ist hier das Frühstück.

46 [D1] **Mintwood Place** $$-$$$, 1813 Columbia Rd NW, Tel. 202 2346732, www.mintwoodplace.com, nur Dinner tgl. außer Mo., Sa./So. Brunch. Abgesehen von kreativen Gerichten gibt es hier spektakuläre Cocktails. Der Brunch lohnt besonders.

47 [bg] **Rooster & Owl** $$$$, 2436 14th St NW, Tel. 202 8133976, www.roosterowl.com. Saisonale und regionale Kost in kleinen Portionen zum Durchprobieren, 4-Gänge-Probiermenü zu $ 65. Sehr kreativ und purer Geschmacksgenuss!

Georgetowns kulinarische Vielfalt lässt sich gut auf einer DC Metro Food Tour (s. S. 121) entdecken

Amerikanische Küche

48 [B4] **Clyde's of Georgetown** $$, 3236 M St. NW, Tel 202 3339180, www.clydes.com/georgetown, Mo.–Fr. Lunch/Dinner, Sa./So. auch Brunch. Alteingesessene Neighborhood-Kneipe mit gemütlicher Bar. Auf der Speisekarte stehen amerikanische Klassiker vom Grill (v. a. gute Burger) und es gibt eine große Bierauswahl.

49 [D4] **Equinox** $$$$, 818 Connecticut Ave. NW, Tel. 202 3318118, www.equinoxrestaurant.com, Mo.–Fr. Lunch, Mo.–Sa. Dinner, So. Brunch. Todd Gray gilt als einer der Topköche der Stadt. In kühl-elegantem Ambiente zaubert die Küche schmackhaft-deftige Kreationen aus lokalen Produkten.

50 [B4] **Farmers Fishers Bakers** $$, 3000 K St. NW, Tel. 202 2988783, www.farmersfishersbakers.com, Sa./So. auch Brunch. Gemütliches Restaurant am Washington Harbor, das sich der regionalen Küche verschrieben hat und lokale Farmen und Kleinproduzenten unterstützt. Mit eigener Bäckerei (ideal zum Frühstück!) und Bar mit guten Cocktails. Schwesterlokal ist Farmers & Distillers (https://farmersanddistillers.com).

51 [D4] **Founding Farmers** $$-$$$, 1924 Pennsylvania Ave. NW, Tel. 202 8228783, www.wearefoundingfarmers.com. Amerikanische Klassiker – Sandwiches, Burger, Pasta, Salate – nahe dem White House. Auch zum Frühstück/Brunch gut geeignet.

52 [F5] **Hill Country Barbecue Market** $$, 410 7th St. NW, Tel. 202 5562050, https://hillcountry.com. Zum Sattessen: Texas-BBQ mit Rippchen, Beef Brisket, Würsten u. a. Fleischberge mitten in D.C. Montags: „All-you-can-eat"-Büfett, außerdem Country Music.

53 [B3] **Martin's Tavern** $$, 1264 Wisconsin Ave., Tel. 202 3337370, www.martinstavern.com. Legendäres Lokal in Georgetown, in dem sich seit 1933 die Locals treffen. Gemütliche lange Bar, tgl. Brunch bzw. Frühstück und viele Biere und Cocktails.

54 [F4] **Matchbox** $$, 713 H St. NW, Tel. 202 2894441, www.matchboxrestaurants.com/chinatown. Ungewöhnlich schickes Lokal in Chinatown, bekannt für Pizza aus dem Holzofen, aber auch Sandwiches, Salate u. a. Sa./So. Brunch!

55 [E5] **Old Ebbitt Grill** $$, 675 15th St. NW, Tel. 202 3474800, www.ebbitt.com. 1856 als Saloon eröffnet, eher „old-fashioned" mit Oysterbar und bunt gemischter Speisekarte.

56 [A3] **The Tombs** $-$$, 1226 36th St. NW, www.tombs.com, Fr./Sa. bis 2.30, sonst bis 1.30 Uhr geöffnet. Nahe der Georgetown Uni gelegen und daher preiswertes und unkompliziertes, alteingesessenes Lokal. Beliebt sind Sunday Brunch und Happy Hour.

Gastro- und Nightlife-Areale

Bläulich hervorgehobene Bereiche in den Karten kennzeichnen Gebiete mit einem dichten Angebot an Restaurants, Bars, Klubs, Discos etc.

Äthiopische Küche

Aufgrund des hohen äthiopischen Bevölkerungsanteils in Washington gibt es hervorragende äthiopische Restaurants. Typisch ist, dass beim Essen der Gemüse- oder Fleischgerichte (viel Lamm) Sauerteigfladen das Besteck ersetzen. Es gibt immer auch viele vegetarische Gerichte.

57 [F2] **Dukem** $$, 1114–1118 U St., Tel. 202 6678735, http://dukemres

Schon seit Jahrzehnten eine Legende: Ben's Chili Bowl im U Street Corridor

taurant.com, bis 2/3 Uhr nachts geöffnet. Neben kulinarischen Genüssen auch Entertainment.

58 [I5] **Ethiopic** $$-$$$, 401 H St. NE, Tel. 202 6752066, www.ethiopicrestaurant.com, Di.–Do. 17–22, Fr.–So. 12–22 Uhr. Modernes äthiopisches Lokal nahe der Union Station.

59 [I5] **Sidamo Coffee & Tea** $$, 417 H St. NE, www.sidamocoffeeandtea.com. Hier wird noch die typische äthiopische Kaffeezeremonie mit Bohnenrösten und Mahlen per Hand zelebriert. Frühstück und Lunch.

014wa-mb

Vegetarisches

Rein vegetarische Restaurants sind in Washington D.C. selten, dafür gibt es so gut wie überall eine vegetarische Rubrik auf den Speisekarten und v.a. in asiatischen und äthiopischen Lokalen ist viel Fleischloses zu bekommen.

60 [D1] **Amsterdam Falafelshop** $-$$, 2425 18th St. NW, www.falafelshop.com. Kichererbsenpaste und anderes Vegetarisches tgl. von 11 bis mind. Mitternacht. Filialen s. Website.

› **Busboys and Poets** (s. S. 78), große vegetarische und vegane Auswahl

› **Food for Thought,** vegetarisches Café im Klub Black Cat (s. S. 71, www.blackcatdc.com/food-for-thought.html, tgl. ab 19 Uhr)

61 [F5] **Rasika** $$-$$$, 633 D St. NW, Tel. 202 6371222, www.rasikarestaurant.com. Indisches Spitzenlokal mit großer vegetarischer Abteilung auf der Karte.

Bunte Vielfalt

62 [G5] **Daikaya** $-$$$, 706 6th St. NW, Tel. 202 5891600, www.daikaya.com, Mo.–Fr. Lunch, tgl. Dinner. Zweiteilig: Ramen Shop (Nudelgerichte) und Izakaya – eine japanische Kneipe mit gut sortierter Bar. Vielseitige Speisekarte, gute Bar und sehenswertes Ambiente.

63 [E3] **Estadio** $$-$$$, 1520 14th St. NW, Tel. 202 3191404, http://estadio-dc.com, tgl. Dinner, Fr. auch Lunch, Sa./So. Brunch. Authentische spanische Tapasbar mit kreativen Häppchen, dazu ausgewählte Getränke.

64 **Fish Market** $$-$$$, 105 King St., Alexandria/VA, Tel. 703 8365676, http://fishmarketva.com. Hier gibt es tgl. frischen Hummer, Krabben und Langusten, außerdem werden die *crabcakes* gerühmt. Am Abend Ragtime-Musik.

65 [F5] **Jaleo** $$, 480 7th St. NW, Tel. 202 6287949 , www.jaleo.com, am Wochenende auch Brunch. Eine Institution. Spanische Gerichte in großer Auswahl zu ordentlichen Preisen. Empfehlenswert sind die Paellas, besonders lecker auch die Tapas und zum Kalorienverbrennen gibt es *Foosball Tables* (Tischfußball).

66 [E3] **Pearl Dive Oyster Palace** $$$, 1612 14th St. NW, Tel. 202 3191612, www.pearldivedc.com, Fr.–So. Brunch, sonst nur Dinner. Bekannt für die Vielfalt an Austern. Man wartet an der Bar, wo es Mo.–Fr. 16–19 Uhr eine Happy Hour gibt.

67 [F5] **SEI** $$$, 444 7th St., Tel. 202 7837007, www.seirestaurant.com, Lunch nur Mo.–Fr., Sa./So. Brunch, tgl. Dinner. Moderne asiatische Küche in sehenswertem Ambiente. Happy Hour werktags 17–20 Uhr.

EXTRATIPPS

Dinner for One

Washington ist die Stadt der *Business People* und entsprechend unkompliziert kann man hier auch allein Essen gehen. Oftmals ist es für Alleinreisende angenehmer, im Barbereich zu sitzen, wo meist auch Essen serviert wird. Geeignet sind z. B. Matchbox (s. S. 66), Local 16 (s. S. 72) oder:

68 [I7] **Rose's Luxury** $$, 717 8th St. SE (Capitol Hill), tgl. außer So. Dinner. Mit gemütlichem Barbereich, aber auch sonst in jeder Hinsicht ein angenehmer Ort.

Ebenfalls empfehlenswert sind der Foodcourt im **International Trade Center** (s. S. 26) oder die **Food Halls.**

Für den späten Hunger

› **Amsterdam Falafelshop** (s. S. 67), tgl. bis mind. Mitternacht geöffnet

› **Kramerbooks & Afterworks Café** (s. S. 79), Fr./Sa. bis 3 Uhr geöffnet

69 [D1] **The Diner** $-$$, 2453 18th St. NW, tgl. 24 Std. geöffnet. Gutes Frühstück, aber auch Burger, Salate, Sandwiches u. v. a.

› **The Tombs** (s. S. 66), Late Night Menu Mo.–Do./So. bis 1.30, Fr./Sa. bis 2.30 Uhr

› **Tryst Coffeehouse Bar & Lounge** (s. S. 69), Fr./Sa. bis 1 Uhr geöffnet

Lokale mit Aussicht

70 [E3] **Beacon Sky Bar,** 17th/Rhode Island Ave. Bar oben auf dem Beacon Hotel, zum Frühstück oder zur Happy Hour ideal!

71 [B4] **Nick's Riverside Grill,** 3050 K St. NW, Tel. 202 3423535. Handfeste Küche (Burger, Steaks u. a.) in einem gemütlichen Lokal mit Terrasse direkt am Potomac River.

Food Halls

Food Halls sind eine neue Entwicklung. Dabei werden alte Gebäude oder Hallen zu **Imbissarealen** umgestaltet. Mehrere Lokale bieten ihre Spezialitäten an und es gibt einen gemeinsamen Sitzbereich.

72 [E5] **eat at National Place,** 1331 Pennsylvania Ave. NW, http://eatatnationalplace.com.

73 [cg] **Tastemakers DC,** 2800 10th St. NE, https://tastemakersdc.com

74 [I3] **La Cosecha,** 1270 4th St. NE, https://lacosechadc.com. Neu eröffnet: 14 Imbissstationen mit lateinamerikanischem Touch.

Mobiles Essen: Food Trucks

Food Trucks sind in den USA der Renner. Besonders mittags reihen sich die **Kleinlaster oder -busse** um größere Plätze wie den McPherson Square (13th/K) oder die Massachusetts Ave., neben der Union Station, auf. Sie bieten Spezialitäten aller Art, von Korean BBQ und Buritos über Cupcakes und Cheesecake bis hin zu Würsten und Fisch.

Infos über Angebot und Standorte:

› http://roaminghunger.com/food-trucks/dc/washington-dc/1

› http://fairgroundsdc.com/truckeroo – zum Food Truck Festival (mit Musik) von Apr.–Sept.

› **Union Market** (s. S. 80)

› **Eastern Market** (s. S. 40)

015wa-mb

75 [bf] **Sonny's,** 3120 Georgia Ave. NW, Tel. 202 6017701, www.sonnyspizza dc.com. Pizza Parlor, in dem es für viele Locals die beste Pizza in D.C. gibt. Auch Plätze im Freien. Benachbart: Cocktailbar No Kisses.

76 [J5] **Toki Underground,** 1234 H St. NE, www.tokiunderground.com, So. geschlossen. Preiswertes asiatisches Imbisslokal mit *Ramen* (Nudeln) und *Dumplings* (gedämpfte Teigtaschen mit unterschiedlichen Füllungen).

77 [F5] **Zaytinya** $-$$$$, 701 9th St. NW, Tel. 202 6380800, www.zaytinya.com. Nahe Chinatown/Gallery Place gelegenes Lokal, in dem türkisch-griechisch-libanesische Gerichte, v. a. Mezze (kleine Gerichte zum Teilen) serviert werden.

Imbisse – Delis und Diners

78 [F2] **Ben's Chili Bowl,** 1213 U St. NW, http://benschilibowl.com. Seit 1958 bekannt für „chili half-smokes" und „chili dogs". Durch viele Prominente, darunter Ex-Präsident Obama, berühmt gewordener Imbiss. 1958 von Ben und Virginia Ali gegründet und seither am selben Ort im ehemaligen Minnehaha Theater, einem Kino von 1910.

79 [D2] **Bethesda Bagels,** 1718 Connecticut Ave., nahe Dupont Circle, www.bethesdabagels.com, tgl. 6.30–15 Uhr. Bagels frisch gebacken mit verschiedenen Aufstrichen und Belägen, aber auch Sandwiches, Pizza u. a. sowie ganztägig Frühstück. Mehrere Filialen.

› **Mitsitam Native Foods Café,** im National Museum of the American Indian **23**, tgl. 11–17 Uhr. Hier werden in Selbstbedienung indianische Spezialitäten angeboten.

80 [D2] **The Duplex Diner,** 18th St./U St., www.duplexdiner.com, Sa./So. ab 11 Uhr geöffnet, sonst ab 18 Uhr. Klassisches Diner-Food querbeet, dazu Cocktails. Beliebter Treff der Locals in Adams Morgan.

Cafés und Süßes

81 [B4] **Baked & Wired,** 1052 Thomas Jefferson St. NW. Ein absolutes Muss in Georgetown, da es hier nicht nur Kaffee und Tee, sondern auch ungewöhnliches hausgemachtes süßes Gebäck gibt!

82 [A4] **Georgetown Cupcakes,** Georgetown, 3301 M St. NW. Bekannt geworden durch die TV-Soap „DC Cupcake", daher oft lange Schlangen vor dem Laden.

83 [I7] **Peregrine Espresso,** 660 Pennsylvania Ave SE (Eastern Market), http://peregrineespresso.com. Kaffee der Extraklasse! Zwei weitere Locations.

84 [B4] **Sprinkles Cupcakes,** 3015 M St. NW. Filiale der berühmten Konditorei aus Kalifornien.

85 [D1] **Tryst Coffeehouse Bar & Lounge,** 2459 18th St. NW, www.trystdc.com, tgl. ab 7 bis mind. 24 Uhr. Nicht nur ein Café mit Kaffee, Tee und Gebäck, sondern auch kleine Gerichte und exquisiter Brunch, tolle Cocktails und Livemusik.

Washington am Abend

Washington mag auf den ersten Blick vielleicht etwas steril oder auch verschlafen wirken, hat jedoch in Sachen Unterhaltung viel zu bieten. Der große Jazzmusiker Duke Ellington stammt aus Washington D.C. und noch heute spielt Livemusik eine große Rolle, nicht nur Jazz, sondern auch „Go-go", Punk und Indie. Dazu gibt es mehrere große Bühnen und renommierte Ensembles sowie angesehene Theater.

Ganz oben auf der Beliebtheitsskala steht das **John F. Kennedy Center for the Performing Arts** (u. a. mit der neuen Bühne The REACH), die Heimat von National Symphony Orchestra, Washington National Opera und Washington Ballet. Das historische Ford's

118wa-Washington.org

Theatre 37 lohnt einen Besuch ebenso wie die Aufführungen der Shakespeare Theatre Company (Lansburgh Theatre). Eine Besonderheit sind die **Militärkapellen**, die an verschiedenen Punkten der Stadt im Sommer und zu Festivitäten kostenlos auftreten.

Washington hat auch in Sachen **Clubbing** viel zu bieten. Das derzeit „hippest neighborhood" ist der **Shaw District/U Street** 42 (9th–17th St. NW). Besonders entlang der 14th St. reihen sich hier einerseits Institutionen, andererseits neue schicke Bars und Restaurants aller Art auf. Die U Street im Shaw Neighborhood ist bekannt als **„Washington's Black Broadway"** und hier sind das Howard oder das Lincoln Theatre zu Hause, wo einst Duke Ellington, John Coltrane oder Miles Davis auftraten. Nacht- und Tanzklubs wie Rock & Roll Hotel oder 9:30 Club, wo Bob Dylan oder Adele sangen, gelten ebenfalls als *oldies but goldies*.

Als musikalisch kreativ gilt auch der 18th Street Strip in **Adams Morgan** 43 zwischen Columbia Road und Florida Ave, kurz **„AdMo"** genannt. Hier ist die Auswahl an Bars und Klubs – interessant ist z. B. das Songbyrd Music House (s. S. 72) – groß und interessante Restaurants mogeln sich mehr und mehr dazwischen.

„Up & coming" ist zudem der **H Street Corridor** (s. S. 45) nördlich der Union Station (auch als **„Atlas District"** bezeichnet) mit einer Vielzahl an Lokalen, Bars und Lounges. In **Northeast D.C.** befinden sich einige größere Dance Clubs, aber auch die City Winery (s. S. 73). In diesem Teil der Stadt fährt man nachts allerdings besser mit einem Taxi. Sicher aufgehoben ist man hingegen in **Georgetown** 38, wo sich an der Kreuzung Wisconsin/M St. in Klubs und Bars ein gemischtes Publikum aus Studenten, Einheimischen und Touristen aller Altersgruppen trifft.

Livemusik

86 [F2] **9:30 Club,** 815 V St. NW, www.930.com. Angesagte Indie/Rock Acts treten auf kleiner Fläche auf, dazu Dance Parties. Mind. 1 Std. vor Showbeginn (meist 20.30 Uhr) kommen! Paul Simon, Bob Dylan, James Brown oder Dolly Parton gaben sich schon die Ehre.

KURZ & KNAPP

Go-go

Die Hauptstadt ist seit den 1970er-Jahren und dem legendären Bandleader Chuck Brown auch für ein eigenes Musikgenre bekannt: **„Go-go"** – eine percussion-lastige Mischung aus Funk, Rhythm & Blues und frühem Hip-Hop. Was ebenfalls typisch für den District ist, ist die ausgeprägte **Indie Culture and Music.** Ian MacKaye hat das Label Dischord Records gegründet, das maßgeblich den Punk der 1980er- und den Indie Rock der 1990er-Jahre geprägt hat.

87 [E2] **Black Cat,** 1811 14th St. www.blackcatdc.com. Klub mit Veranstaltungen und Red Room Bar, keine Eintrittsgebühr, tgl. 19/20–2/3 Uhr. Große Konzerte auf der Mainstage, lokale Bands, aber auch Film oder Poetry Events Backstage. Bands der Umgebung und Indie-Stars wie Neko Case, Arcade Fire oder Regina Spektor sind hier zu hören. Im selben Haus: Food for Thought.

88 [D1] **Columbia Station,** 2325 18th St. NW, www.columbiastationdc.com. Gemütliche Kneipe in Adams Morgan. Es gibt Pizza, Pasta, Bier und Cocktails, dazu tgl. außer Mo. Livejazz und -blues (gratis) sowie samstags Jam Sessions.

89 [G2] **Howard Theatre,** 620 T St. NW, http://thehowardtheatre.com. Legendäres Theater von 1910, das einst als „largest colored theatre in the world" am Black Broadway galt. In den 1950/60er-Jahren bekannt für hochkarätigen Rock'n'Roll und R&B, heute breites Livemusikspektrum.

Nightlife im Shaw District/ U Street 42, hier an der 14th Street NW

EXTRAINFOS

Smoker's Guide

Rauchen ist in Räumen **verboten,** seit 2010 auch im Umkreis von öffentlichen und Wohnbauten (25 ft. Radius). Seitens Rauchern in D.C. beliebt sind Rooftop Bars oder „Patios" (Innenhöfe).

92 [ae] **Civil Cigar Lounge,** 5335 Wisconsin Ave. (Chevy Chase Pavilion). Mit Bar, Sportevents auf Großbildschirm und sogar Essen.

93 [B4] **Georgetown Tobacco,** 3144 M St. NW. Gut sortierter, alteingesessener Tabakladen.

94 [E5] **W. Curtis Draper Tobacconist,** 699 15th St. NW. Eine Institution in D.C. und zugleich der drittälteste, noch betriebene Tabakladen in den USA (über 125 Jahre alt). Dazu gehört die Civil Cigar Lounge.

Nightlife Guide

Bei DJ-Auftritten/Livemusik ist v. a. Fr./Sa. **Eintritt** fällig, in Klubs $ 10 bis 20, bei Livekonzerten manchmal mehr. Klubs schließen am Wochenende meist um 3 und werktags spätestens um 2 Uhr. Shows beginnen eher früh, um 20.30 oder 21 Uhr. Infos zur **aktuellen Szene:**

- http://washington.org/topics/entertainment-nightlife
- www.washingtonpost.com/goingoutguide
- https://dcist.com *(local blog)*

90 [D1] **Madam's Organ,** 2461 18th St. NW, Tel. 202 6675370, www.madamsorgan.com. Bluesbar, Soul-Food-Restaurant und „Herz und Seele" von Adams Morgan.

91 **The Birchmere,** 3701 Mt Vernon Ave., Alexandria, www.birchmere.com. Bekannt für Bluegrass, doch auch andere Stile sind zu hören. Große Stars wie Vince Gill, Emmylou Harris oder Linda Ronstadt traten hier schon auf.

EXTRATIPP

Alles in einem

Plattenladen mit Café (auch Sandwiches, Salate), bei #2477 Restaurant & Bar (Mo.–Fr. 17–2, Sa/So. 11–2/3 Uhr) und The Byrd Cage mit DJs und Livemusik (Tickets teils gegen Spende, max. $ 10–15):

103 [D1] **Songbyrd Music House & Record Cafe,** 2475 18th St. NW, www.songbyrddc.com, Mo.–So. 8–21 Uhr

95 [E5] **The Hamilton,** 600 14th St. NW, www.thehamiltondc.com. Restaurant und Bühne für Jazz, R&B, aber auch Rock. Im Juni: „Jazz at the Hamilton Live" im Rahmen des Jazz Festivals.

96 [E2] **Twins Jazz,** 1344 U St. NW, www.twinsjazz.com. Hier traten schon bekannte Jazzmusiker auf. Die Konzerttickets sind mit $ 10–15 erschwinglich.

97 [F2] **U Street Music Hall,** 1115 U St. NW, www.ustreetmusichall.com. Keller-Tanzklub und Livemusikbühne für bis zu 500 Fans. V. a. Auftritte lokaler Musiker, viele davon wurden schon berühmt. „Dependance" ist die **Backbar** (815 V St. NW, www.backbardc.com) im Gebäude des 9:30 Club.

Klubs und Discos

98 [E2] **Cafe Saint-Ex,** 1847 14th St. NW, www.saint-ex.com. Unten Brasserie, oben Gate 54 Nightclub mit DJs und jungem Publikum, dazu Restaurantbetrieb.

99 [dg] **echostage,** 2135 Queens Chapel Rd. NE, www.echostage.com. Mehrteiliger Veranstaltungsort für bis zu 3000 Gäste. Es legen DJs auf, es gibt Livemusik und dazu Dancefloors sowie Barbetrieb.

100 [D4] **Eighteenth Street Lounge (ESL),** 1212 18th St. NW, www.18thstlounge.com, außer Mo. Klub in beschaulicher Reihenhausatmosphäre mit Terrasse, Tanzfläche, drei Bars und zwei Bühnen. Häufig Livejazz im OG, aber auch DJs, lokale Musiker und Bands, viel Techno. Das ESL Music-Plattenlabel wurde hier geboren.

101 [G2] **Flash,** 645 Florida Ave. NW, www.flashdc.com. Unten Bar, oben Klub mit hochkarätigen DJs, die v. a. Techno, House und Electronic auflegen.

102 [E2] **Local 16,** 1602 U St. NW, www.localsixteen.com. Besonders am Wochenende wird es voll. Tanzflächen, Dachterrasse, Couches, Lüster und alte Möbel in viktorianischem Haus. V. a. Popmusik.

017wa-mb

Bars, Pubs und Hangouts

104 [E3] **Churchkey,** 1337 14th St. NW. Koch Kyle Bailey serviert gutes Essen, grandios ist hier jedoch v. a. die Riesenauswahl an Bieren: 500 aus über 30 Ländern, 50 vom Fass.

105 [cg] **City Winery,** 1350 Okie St. NE, https://citywinery.com/washingtondc. Gut essen, Weine probieren und dazu gibt es noch eine Konzertbühne.

106 [E2] **Cork Wine Bar,** 1805 14th St. NW. Weinbar am Logan Circle, wo es rund 50 Weine zum Probieren gibt (von Kleinproduzenten glasweise), dazu erstklassige kleine Gerichte. Benachbart: ein Weinladen.

107 [E2] **Fainting Goat,** 1330 U St NW, tgl. Dinner, Sa./So. Brunch. Neighborhood-Hangout mit Essen, gut zubereitet mit lokalen Zutaten, v. a. aber riesige Getränkekarte (Cocktails u. a.).

108 [F5] **Minibar/Barmini by José Andrés,** 855 E St. NW, Tel. 202 3934451, www.minibarbyjoseandres.com. Exklusives 12-Plätze-Restaurant („avant-garde cooking“), v. a. aber ungewöhnliche Bar („culinary cocktail lab“).

› **Old Ebbitt Grill** (s. S. 66). Ältester Saloon der Stadt von 1856.

109 [D1] **Roofers Union,** 2446 18th St., Tel. 202 2327663, https://roofersuniondc.com. Unten Bar, oben Restaurant, darüber Dachterrasse. Schickes Ambiente, tolle Bierauswahl und kleine Gerichte, Events wie Livemusik Fr./Sa. und Happy Hour 17–19 Uhr. Jedes Jahr wird hier Oktoberfest gefeiert.

110 [F2] **The Saloon,** 1207 U St. NW. Hangout zum Plaudern und Biertrinken, Leute Kennenlernen und einen gemütlichen Abend Verbringen.

Ein gemütliches Päuschen an der Bar lohnt sich besonders zur Happy Hour

EXTRATIPP

Es gibt doch Bier in D.C.!

Hielt einst die große Brauerei des deutschen Einwanderers **Christian Heurich** (s. S. 50) die Braukunst in der Hauptstadt hoch, ließ sich 1992 die **Capitol City Brewing Co.** in D.C. nieder. **D.C. Brau** (http://dcbrau.com) füllt nur in Dosen ab und ist bekannt für sein Pale Ale. Gratistouren gibt es Sa. und Do. bis So. ist der Tasting Room zur Verkostung geöffnet. Die Biere von **3 Stars Brewing Co.** (http://3starsbrewing.com, Sa. Gratistouren, Tasting Room Di.–So.) oder von **Atlas Brew Works** (www.atlasbrewworks.com, Sa. Touren, Tap Room tgl. geöffnet) wird in gut sortierten Bars ausgeschenkt. Einige Brauereien unterhalten eigene Lokale:

111 [I8] **Bluejacket,** 300 Tingey St. SE (Metro Green „Navy Yard“), http://bluejacketdc.com. Kleinbrauerei im historischen Boilermaker Building mit Restaurant „The Arsenal“, in dem es Sandwiches, Burger und Snacks gibt. Brauereitouren (Standardtour gratis).

112 [F4] **Capitol City Brewing Co.,** 1100 New York Ave NW (Ecke 11th/H St.), www.capcitybrew.com. Älteste Hausbrauerei der Stadt mit schmackhafter Pub-Kost.

113 [F5] **District ChopHouse & Brewery,** 509 7th St. NW, http://districtchophouse.com. Netter Hangout nahe Capital One Arena. Serviert werden u. a. Steaks und mehrere Sorten eigenes Bier.

114 [G2] **Shaw Brewpub/Right Proper Brewing Company,** 624 T St. NE (Metro Green/Yellow „Shaw-Howard U.“), www.rightproperbrewing.com. Bekannt für Ales, dazu gute Salate und Sandwiches. Filiale s. Website.

EXTRAINFO

Tickets

- **TicketCity:** www.ticketcity.com/cities/washington-dc-tickets.html
- **Ticketmaster:** www.ticketmaster.com

Events im Überblick

Über aktuelle Veranstaltungen, Theater und Shows informieren z. B.:

- https://dctheatrescene.com
- www.theatermania.com/washington-dc-theater
- http://theatrewashington.org
- www.washingtonpost.com/goingoutguide oder www.washingtoncitypaper.com

Veranstaltungsorte und Konzertbühnen

Washington hat über 40 Bühnen und Theater zu bieten, dazu gibt im Sommer Freiluftkino und Open-Air-Konzerte.

115 [J5] **Atlas Performing Arts Center,** 1333 H St. NE, Tel. 202 3997993, www.atlasarts.org. Eines von ursprünglich vier Kinos (von 1938) im H Street Corridor, 2001 als Performing Arts Center wiedereröffnet und für die Revitalisierung der H Street, dem „Atlas District", wichtig. Theater-, Tanz-, Musik-, Film- u. a. Events, u. a. Sitz der Rorschach Theatre Company (www.rorschachtheatre.com).

•116 [F5] **Capital One Arena,** 601 F St. NW, Tel. 202 6283200, https://capitalonearena.viewlift.com/events. V. a. Sportevents der Capitals und Wizards (s. S. 119), aber auch Konzerte, Eislauf- u. a. Events.

117 [D5] **DAR Constitution Hall,** 1776 D St. NW, Tel. 202 6284780, www.dar.org/constitution-hall. Denkmalgeschützte Konzerthalle von 1929 mit 3700 Sitzen. Verschiedenste Veranstaltungen, auch großer Stars der Musikszene. Viel gerühmt ist die gute Akustik.

118 [C5] **John F. Kennedy Center for the Performing Arts,** 2700 D St. NW/Rock Creek Pkwy., Tel. 202 4674600, www.kennedy-center.org. Mehrteiliger Bühnenkomplex am Potomac River mit über 7000 Plätzen in Concert Hall, Opera House, Eisenhower Theater und mehreren kleineren Theatern sowie Jazz Club. Neueste Ergänzung ist The REACH, eine Performing-Arts-Bühne. U. a. Sitz des National Symphony Orchestra (www.kennedy-center.org/nso) und der Washington National Opera (www.kennedy-center.org/wno). Auf der Millennium Stage im Grand Foyer finden tgl. Gratisveranstaltungen statt. Es gibt an Veranstaltungstagen einen Gratis-Shuttlebus von der Metrostation „Foggy Bottom/GWU".

119 [I8] **Yards Park @ the Capitol Riverfront,** www.capitolriverfront.org/yards-park. Open-Air-Bühne an der Waterfront für Festivals, Konzerte und Events.

Theater

120 [G8] **Arena Stage,** 1101 6th St. SW, Tel. 202 5549066, www.arenastage.org. 1950 als Hippodrome Theatre gegründet, dann in der Old Heurich Brewery zu Hause und bekannt geworden durch Broadway-Produktionen, Innovationsgeist und Fokussierung auf amerikanische Künstler. Drei Bühnen und breites Spektrum von Comedy über Musical bis Drama. Zugehörig ist das Catwalk Café.

121 [I6] **Folger Theatre,** 201 E. Capitol St. SE, Tel. 202 5447077, www.folger.edu. Zur Shakespeare Library (mit Ausstellungen, Mo.–Sa. 10–17, So. 12–17 Uhr, Eintritt frei) gehöriges, intimes Elizabethan Theatre für Shakespeare-Produktionen.

37 [F5] **Ford's Theatre.** Hier wurde Präsident Lincoln erschossen. Jedes Jahr wird im Winter Dickens' „Christ-

018wa-mb

mas Carol“ aufgeführt, sonst v. a. Comedy und Schauspiele. Interessante Theatertouren.

122 [F5] **Lansburgh Theatre,** 450 7th St. NW, Tel. 202 5471122, www.shakespearetheatre.org. Sitz der renommierten Shakespeare Theatre Co., die abgesehen vom normalen Programm einmal im Monat kostenlos „Happenings Happy Hour“ im **Harman Center for the Arts** (610 F St. NW) anbietet.

123 [F2] **Lincoln Theatre,** 1215 U St. NW, Tel. 1 877 4359849, www.thelincolndc.com. Historisches Theater von 1922, das einflussreich für die Emanzipation afroamerikanischer Künstler („Harlem Renaissance“) war. Auf der Bühne standen u. a. schon Duke Ellington, Ella Fitzgerald, Billie Holliday, Nat King Cole oder Louis Armstrong und Sarah Vaughn. Präsident Franklin D. Roosevelt feierte hier einst seine Geburtstagspartys.

124 [E5] **National Theater,** 1321 Pennsylvania Ave. NW, Tel. 202 6286161, http://thenationaldc.org. In diesem sehenswerten Theater von 1835 fin-

Hier tritt die Shakespeare Theatre Company auf

EXTRATIPP

Gratisveranstaltungen

21 [G6] **National Gallery of Art,** www.nga.gov („Calendar/Concerts“), West Building, West Garden Court, an bestimmten Nachmittagen klassische und Chorkonzerte. Memorial–Labor Day: Jazz in the Garden im National Gallery of Art Sculpture Garden (https://pavilioncafe.com/jazz/jazz-schedule).

34 [F6] **National Archives,** www.archives.gov/dc-metro/washington. Lesungen, Vorträge, historische Filme und Dokumentationen im McGowan Theater (Reservierung: Tel. 202 3576814).

› **John F. Kennedy Center** (s. S. 74), regelmäßig Millenium-Stage-Konzerte und andere Events/Festivals (www.kennedy-center.org/calendar)

› **Shakespeare Theatre Co.** (Lansburgh Theatre, s. links): mehrere Gratisveranstaltungen im Forum der Sidney Harman Hall (610 F St. NW, siehe: www.shakespearetheatre.org/tickets-and-events/all-events)

› **LIFE! Concert Series on The Plaza,** https://itcdc.com/live-concert-series-on-the-plaza, Woodrow Wilson Plaza, vor dem Reagan Bldg. [E5], Ende Juli–Ende Sept. werktags Mittagskonzerte.

› **Summer Concerts at Washington Harbour,** www.thewashingtonharbour.com/events, Gratis-Sommerkonzerte von lokalen Bands an Mittwochabenden in Georgetown.

› **Fort Dupont Summer Theatre,** www.nps.gov/fodu/planyourvisit/summertheatre.htm, Fort Dupont Park Amphitheatre, 3600 F St., Aug./Sept. Sa. 18 Uhr Konzerte verschiedenster Genres und Filme gratis im Park.

› **Fort Reno Concert Series,** www.fortreno.com. Open-Air-Konzerte (Indierock, Indiepop und Hardcore) im Juli, 19 Uhr im Fort Reno Park.

den v. a. Broadwayshows statt. Gratisvorführungen für Kinder Sept.–Apr. samstagvormittags.

125 [E3] **Studio Theatre,** 1501 14th St. NW, Tel. 202 3323300, www.studiotheatre.org. Konglomerat aus vier kleineren Bühnen im 14th St. Corridor (Dupont Circle), wo v. a. zeitgenössisches Schauspiel auf dem Programm steht.

126 [F5] **Warner Theatre,** 513 13th St. NW, Tel. 202 7834000, www.warnertheatredc.com. 1924 als Kino „The Earle" für Vaudeville und Stummfilme eröffnet. Heute v. a. bekannt für den „Nußknacker" des Washington Ballet im Dez., Broadway-Musicals, aber auch große Konzerte.

127 [F5] **Woolly Mammoth Theatre Co.,** 641 D St. NW, Tel. 202 3933939, www.woollymammoth.net. Bekannt für Produktionen abseits des Mainstream, dazu politische Comedy Shows.

Film und Kino

128 [ae] **Avalon,** 5612 Connecticut Ave. NW, www.theavalon.org/films. Alter Kinopalast von 1923 im Viertel Friendship Heights. Hier laufen unabhängige und fremdsprachige Filme und es gibt am Wochenende Familien-Matineen.

129 [F5] **Landmark E Street Cinema,** 555 11th St. (Eingang: E St. zw. 10th–11th St.), www.landmarktheatres.com/washington-d-c/e-street-cinema. Vor allem unabhängige, fremdsprachige und Dokumentarfilme sowie Erstaufführungen und Klassiker auf acht Leinwänden in einem Luxuskino. Mit E Street Bar.

- **Freiluftkino** im Sommer, z. B. „NoMa's Summer Screen" (www.nomabid.org/noma-summer-screen), Ende Mai–Ende Aug., auf The Lot at First & Pierce, 1150 1st St. NE.
- Eine Übersicht über **Open-Air-Kino-Locations** gibt es unter https://washington.org/visit-dc/outdoor-movies-in-washington-dc.

Washington für Shoppingfans

Nach D.C. fährt man wegen der Sehenswürdigkeiten und Museen und nicht unbedingt zum Shoppen. Dennoch gibt es Viertel, die zum Einkaufen einladen: allen voran Georgetown mit Boutiquen und Lokalen bzw. Cafés entlang der M Street, aber auch Teile von Capitol Hill und Adams Morgan oder die Straßen um die U Street.

Zu den ausgeschilderten Preisen kommt auf die meisten Artikel eine **sales tax**, eine Art Mehrwertsteuer. Sie variiert, beträgt aber meist 6 %, bei zubereiteten Speisen 10 %, bei Alkohol 10,25 %.

Die meisten Shops sind Mo. bis Sa. von mind. 10 bis 19 Uhr **geöffnet,** sonntags nicht immer und wenn, dann meist nur am Nachmittag. Downtown-Shops schließen in D.C. häufig schon um 17 Uhr. In Neighborhoods wie Adams Morgan oder U Street Corridor sind Läden länger geöffnet, feste Öffnungszeiten werden jedoch nicht immer ganz ernst genommen.

Shoppingareale

- **Georgetown** 38: kleine Boutiquen, vermehrt aber auch Filialen bekannter, angesagter Ketten wie Abercrombie & Fitch, H&M etc.
- **Capitol Hill:** v. a. der Eastern Market 27 lohnt (v. a. Lebensmittel), dazu einige interessante Shops (und Cafés) entlang der 8th St. SE (Barracks Row)
- **Dupont Circle:** Bücher, Boutiquen, Galerien
- **U Street Corridor** 42 und **Adams Morgan** 43: Retro/Vintage, Hippes und Ausgefallenes – Kleidung, Accessoires, Dekoartikel u. a., Cafés und Lokale

Shoppingareale

Die wichtigsten Shoppingbereiche der Stadt sind im Kartenmaterial mit einer rötlichen Fläche markiert.

Shoppingzentren und Kaufhäuser

130 [F4] **CityCenterDC,** 10th & H St NW, http://citycenterdc.com. Über 30 hochklassige Shops (z. B. TUMI, Vince, Ferragamo), dazu Lokale wie DBGB oder Piccolina. Zur Weihnachtszeit großer Christbaum und Deko in der Palmer Alley.

131 [bf] **DC USA,** 3100 14th St. NW, www.shopdcusa.com. Shoppingmall in Columbia Heights mit großen Läden wie Target, Modell's oder Best Buy.

132 [ai] **Fashion Center at Pentagon City Mall,** 1100 S. Hayes St., Arlington/VA (nahe Metro „Pentagon City"), www.simon.com/mall/fashion-centre-at-pentagon-city. Rund 170 Shops und Lokale.

133 [ae] **Friendship Heights Shopping District,** Einkaufszentren und zahlreiche Läden in Upper Northwest rund um den 5300er-Block der Wisconsin Ave. NW (Metro „Friendship Heights"), z. B. **Nordstrom Rack Friendship Heights** (#5333), **Mazza Gallerie Shopping Mall** (#5300) oder **Chevy Chase Pavilion** (#5335).

134 **Potomac Mills,** 2700 Potomac Mills Circle, I-95 Exit 156 bzw. 158-B, Prince William/VA, www.simon.com/mall/potomac-mills. Südlich der Stadt gelegenes Einkaufszentrum mit über 200 Geschäften.

32 [H5] **Union Station,** www.unionstationdc.com/shopping. Für einen Bahnhof eine ungewöhnlich große Auswahl an Shops, Lokalen sowie Imbissstationen.

010wa-ato©Ben Fink

Shopping in Alexandria **48**, *hier in einer der edlen Boutiquen*

Modeläden und Boutiquen

Vintage-/Retro-Kleidung und -Accessoires findet man v. a. in kleinen Shops in Adams Morgan und im U Street Corridor.

135 [E2] **Current Boutique,** 1809 14th St. NW. Markenware aus zweiter Hand zu günstigen Preisen im U Street Corridor.

136 [B4] **Frye Co.,** 1066 Wisconsin Ave. Alteingesessener Laden in Georgetown mit viel „Made in USA"-Lederwaren, v. a. Schuhen.

137 [D2] **Meeps,** 2104 18th St. NW, www.meepsdc.com. Ein toller Shop für Retro-/Vintage-Kleidung und -zubehör aus den 1940er- bis 1990er-Jahren im Viertel Adams Morgan.

138 [D3] **Secondi,** 1702 Connecticut Ave. NW. Hier gibt es Damenbekleidung, Accessoires und Schuhe – alles Designerware, meist aus zweiter Hand und daher günstig.

139 [A3] **The Phoenix,** 1514 Wisconsin Ave. NW. Seit 1955 in Familienbesitz. Hier gibt es modische Kleidung aus Naturmaterialien, aber auch Accessoires (v. a. Schmuck), Kunst und Deko, mexikanische Kunst sowie Kunsthandwerk.

140 [F2] **Violet Boutique,** 1924 8th St. NW, Mo.-Sa. 11-19, So. bis 18 Uhr. Junge Mode zu erschwinglichen Preisen in Georgetown: Damenbekleidung, Schuhe, Accessoires.

Buchhandlungen

Washington ist glücklicherweise noch gesegnet mit unabhängigen, kleinen Buchläden wie den Folgenden:

141 [B4] **Bridge Street Books,** 2814 Penn. Ave. NW, Georgetown, http://bridgestreetbooks.com, werktags 11-21 Uhr, So. 12-18 Uhr. Ausgefallene Titel, viel zu Politik, Geschichte, Poetry, dazu regelmäßig Lesungen.

142 [E2] **Busboys and Poets (1),** 2021 14th St. NW, www.busboysandpoets.com, Mo.-Do. 7-24, Fr. 7-1 Uhr, Sa. 8-1, So. 8-24 Uhr. Busboys & Poets ist ein alteingesessener Buchladen und Treffpunkt im Viertel, gemütlich mit vielen, auch ausgefallenen Veranstaltungen, vor allem grandioses Poetry Program und „Open Mic", aber auch Kunstausstellungen. Filiale:

143 [G4] **Busboys and Poets (2),** 450 K St. NW, auch hier gibt es Veranstaltungen.

Konfektionsgrößen

Herren

Deutsche Bekleidungsgröße (z. B. 50) minus 10 = amerikanische Größe (z. B. 40)

› *Herrenhemden*

D	36	37	38	39	40/41	42	43
USA	14	14,5	15	15,5	16	16,5	17

› *Herrenschuhe*

D	39	40	41	42	43	44	45
USA	7	7,5	8	8,5/9	9,5/10	10,5	11,5

Damen

D	36	38	40	42	44	46
USA	6	8	10	12	14	16

› *Damenschuhe*

D	36	37	38	39	40	41	42
USA	6	6,5/7	7,5/8	8,5	9	9,5	10

Kinder

D	98	104	110	116	122
USA	3	4	5	6	6x

› *Kinderschuhe*

D	23	24	25	26	27	28	29	30	31	32	33
USA	6,5	7,5	8,5	9,5	10,5	11,5	12,5	13	1	1,5/2	2,5

144 [I7] **Capital Hill Books,** 657 C St. SE, www.capitolhillbooks-dc.com, Mo.-Fr. 10-20, Sa. 9-20, So. 9-19 Uhr. *Used books,* seltene Erstausgaben und andere Raritäten. Nahe dem Eastern Market.

145 [D1] **Idle Time Books,** 2467 18th St. NW, www.idletimebooks.com, tgl. 11-22 Uhr. Gemütlich voller, kleiner Buchladen in Adams Morgan, auch gebrauchte und seltene Bücher.

146 [af] **Politics and Prose Bookstore & Coffeehouse,** 5015 Connecticut Ave., www.politics-prose.com, Mo.-Sa. 9-22, So. 10-20 Uhr, Metro „Tenleytown". Unabhängiger großer Buchladen mit guter Kinderbuch-Abteilung und gutem Service. Regelmäßig Lesungen und Vorträge, außerdem zugehöriges Coffeehouse The Den.

147 [D3] **Second Story Books,** 2000 P St. NW, www.secondstorybooks.com, tgl. 10-22 Uhr. Gebrauchte Bücher, Raritäten und Schallplatten am Dupont Circle.

EXTRATIPP

Shop'n'Stop – kleine (Lese-)Pause

Kramerbooks ist ein unabhängiger Buchladen nahe dem Dupont Circle, der nicht nur für seine Buchauswahl, für Lesungen und andere literarische Veranstaltungen bekannt ist, sondern zu dem man auch wegen des zugehörigen Café & Grill geht. Vom Brunch am Morgen über Snacks am Nachmittag bis hin zu Cocktails mit Appetizern („Sharezies" – „zum Teilen") am Abend gibt es immer etwas Leckeres zu essen, guten Kaffee und einen Gästecomputer mit Gratis-Internetzugang. Tische im Freien laden zum „People Watching" ein und Mi. bis Sa. gibt es Livemusik.

150 [D3] **Kramerbooks & Afterwords Café,** 1517 Connecticut Ave. NW, http://kramers.com, Mo.-Do. 7.30-1, Fr./Sa. bis 3 Uhr

Musikläden

148 **Crooked Beat Records,** 802 N Fairfax St., www.crookedbeat.com, Mo.-Sa. mind. 12-19, So. bis 18 Uhr. Spezialisierter Plattenladen. Gebrauchte und neue LPs, v. a. Punk, Indie, Reggae, Rock und Soul, aber auch andere Genres und T-Shirts.

149 [D1] **Smash!,** 2314 18th St. NW, www.smashrecords.com, Mo.-Do. 12-21, Fr. 12-22, Sa. 11-22, So. 12-19 Uhr. Kurioser, prallgefüllter Laden in Adams Morgan mit LPs und CDs, v. a. Punk, Hardcore, Indie. Dazu Kleidung und Accessoires (Indie Design & Vintage).

12Cwa-mb

Vinyl- und andere Raritäten gibt es in Old Town Alexandria bei Crooked Beat Records

119wa-mb

Ideal für Selbstversorger: Trader Joe's

Mitbringsel und Verschiedenes

151 [F5] **Abe's Café & Gift,** 733 13th St. NW, www.abesdc.com. Souvenirshop in Downtown, in dem es nicht nur Souvenirs zu Abe Lincoln, sondern auch zu den lokalen Sportteams gibt. Dazu gehört ein Café.

152 [D5] **Indian Craft Shop,** 1849 C St. NW, www.indiancraftshop.com, Di.–Fr. 10–16.30 Uhr. 1938 im U.S. Department of the Interior in Downtown eingerichteter Shop, der indianische Kunst und Kunsthandwerk (Keramik, Schmuck, Korbwaren, Kunsthandwerk u. a.) und dazu Veranstaltungen anbietet.

153 [E5] **Presidential Gallery,** 1425 G St. Politische Memorabilien und Souvenirs.

154 [D4] **Tiny Jewel Box,** 1155 Connecticut Ave. NW, www.tinyjewelbox.com. Seit 1930 existierender Familienbetrieb, in dem es auf sechs Ebenen v. a. Schmuck und Uhren aller Art gibt.

155 [E5] **White House Gifts,** 701 15th St. NW, Mo.–Sa. 8–21, So. bis 20 Uhr. Der Name ist Programm.

Wochen- und andere Märkte

156 [E5] **Capital Harvest on the Plaza,** Woodrow Wilson Plaza, 1300 Pennsylvania Ave. NW/13th St., Mai–Nov. Fr. 11–15 Uhr. Großer Bauernmarkt vor dem Ronald Reagan Building.

157 [F7] **Captain White's Seafood City,** 1100 Maine Ave. SW, tgl. 8–21 Uhr geöffneter Fischmarkt am Washington Channel, an dem auch zahlreiche Ausflugsboote ablegen.

27 [I7] **Eastern Market.** Markthalle mit Lebensmitteln und Verkaufsständen im Freien (auch Kunsthandwerk etc.).

› **Freshfarm Markets** (www.freshfarm.org/washington-dc.html) finden zu verschiedenen Zeiten an verschiedenen Orten statt, meist von April bis Okt./Nov., z. B. im Penn Quarter (8th St., D–E St. NW), am White House (810 Vermont Ave. NW) oder in Foggy Bottom (23rd/I St. NW). Der einzige ganzjährige Markt ist der Freshfarm Market at Dupont Circle.

158 [D3] **Freshfarm Market at Dupont Circle,** 20th St. NW, Mass. Ave.–Hillyer Pl., So. 8.30–13.30 Uhr. Einer der besten Bauernmärkte an der Ostküste mit Frischprodukten und Unterhaltung.

159 [A2] **Georgetown Flea Market,** Wisconsin Ave. NW, www.georgetownfleamarket.com, ganzjährig So. 8–16 Uhr (im Winter kleiner). Flohmarkt mit Antiquitäten, Kitsch und Haushaltsartikeln.

160 [I3] **Union Market,** 1309 5th St. NE., http://unionmarketdc.com/market, tgl. 8–mind. 20 Uhr. In Capitol Hill, nördlich des Bahnhofs, befindet sich in einer Markthalle von 1871 der Union Market mit kulinarischem Angebot.

161 [F6] **USDA Farmer's Market,** 12th St./Independence Ave. SW, www.usda.gov/our-agency/initiatives/usda-farmers-market, Anf. Mai–Ende Okt. Fr. 9–14 Uhr. Markt gegenüber der „Smithsonian"-Metrostation.

24/7 Shops

Im Stadtzentrum gibt es ein paar größere Läden, die rund um die Uhr fundamentale Bedürfnisse befriedigen.

- **162** [E3] **7 Eleven,** 1400 Rhode Island Ave. NW. Viel Fertigkost (Imbiss), doch auch Getränke und Lebensmittel, kein Alkohol. Filialen z. B.: 1100 Vermont Ave. NW, 1850 M St., 1700 17th St. NW oder 908 17th St. NW.
- **163** [E4] **CVS,** 1199 Vermont Ave. NW. Eher ein Drogeriemarkt, der aber auch Snacks und Getränke führt (rund um die Uhr geöffnet, Apotheke bis 22 Uhr). Filialen im ganzen Stadtgebiet.
- **164** [G4] **Safeway,** 490 L St NW. Gut sortierter Supermarkt, tgl. 24 Std. geöffnet.

Kulinarisches

- **165** [A4] **Dean & DeLuca,** 3276 M. St. NW. Georgetown-Filiale des bekannten New Yorker Feinkostladens.
- **166** [I7] **Spring Mill Bread Co.,** 701 8th St. SE. Bäckerei mit Cafébetrieb (Suppen und Sandwiches). Feines Gebäck und Kuchen, v. a. aber eine Vielzahl an Broten.
- › **Tastemakers DC** (s. S. 68). Food Hall zum Einkaufen und Essen.
- **167** [C4] **Trader Joe's,** 1101 25th St. Gut sortierter Supermarkt mit Waren aus aller Welt, teils biologisch produziert und preiswerter als Whole Foods.
- **168** [F5] **Washington Wine & Liquor,** 1200 E St. NW, tgl. außer So. 9–19.30 Uhr. Zentral gelegener Laden, in dem man Bier, Wein und Spirituosen kaufen kann.
- **169** [C4] **Whole Foods,** 2201 I St. NW, gegenüber der Metro-Station „Foggy Bottom", www.wholefoodsmarket.com. Biosupermarkt mit hervorragender Auswahl. Mehrere Filialen (s. Website).
- **170** [I7] **Yes! Organic Market,** 410 8th St. SE. Gut sortierter Biosupermarkt.

EXTRATIPP

Museumsshops

Washingtons Museen lohnen einen Besuch nicht nur wegen der Ausstellungen, sondern auch wegen der Museumsläden, die ein teilweise hochspezialisiertes und damit seltenes Sortiment an Souvenirs und Kunsthandwerk bieten. Beispielsweise sind für Kunstfreunde die Shops der **National Gallery of Art** (21) oder des **Hirshhorn Museum** (20) interessant. Authentisches indianisches Kunsthandwerk und eine umfassende Literaturauswahl offeriert der Laden des **NMAI** (23), Asiatisches gibt es in den **Freer & Sackler Galleries** (16), für exklusive Stoffprodukte ist das **Textile Museum** (s. S. 63) bekannt und schönes Kunsthandwerk und Designartikel gibt es im Shop des **National Building Museum** (s. S. 62). Vielseitig und familienfreundlich präsentieren sich die Läden des **National Museum of American History** (18) oder des **National Museum of Natural History** (19).

Bunte Vielfalt auf dem Flohmarkt auf dem Areal des Eastern Market (27)

012wa-mb

020wa-mb

Washington zum Träumen und Entspannen

Washington ist v.a. eine Stadt der Geschäftsleute und Politiker, immer geschäftig und korrekt und dennoch, allein schon wegen der Mall, etwas Besonderes. Eine bedrohliche Hochhauskulisse und Wolkenkratzer-Canyons gibt es hier nicht, dafür massenhaft Grünflächen, die zur Pause einladen.

Die **Mall** (s.S. 17) selbst ist das größte Stück Grün mitten in der Stadt und man darf sich hier ins Gras setzen und picknicken. Bänke sind eher rar. Schön zum Ausruhen sind der zur National Gallery of Art 21 gehörige **Sculpture Garden** und der **U.S. Botanic Garden** 24 zu Füßen des Capitols, wo speziell der Bartholdi Park reizvoll ist.

Hinter dem White House 1 (H St. NW) befindet sich der **Lafayette Square** und auch hier lässt sich gut verschnaufen. Im Bereich der **Memorials**, v.a. zwischen Washington Monument 13 und Lincoln Memorial 6, laden um den **Reflecting Pool** Bänkchen ein. Am Lincoln Memorial selbst ist der Trubel zwar größer, aber man genießt aus erhöhter Position einen guten Ausblick. Ein anderer guter Spot sind die **Constitution Gardens** (www.nps.gov/coga, 17th–23rd St. NW) nahe dem Vietnam Veterans Memorial 5. Sie wurden von Präsident Nixon einmal mit dem Kopenhagener Tivoli verglichen.

Gegenwärtig ist eine **Neugestaltung** des Areals zwischen World War II Memorial 12 und Vietnam Veterans Memorial 5, die sog. Constitution Gardens, geplant.

Im Süden liegt das **Tidal Basin.** Bis 1882 war es Teil des Potomac River, heute reihen sich ringsum die Memorials von Jefferson 10, Franklin D. Roosevelt 9 und Martin Luther

Die Mall (s. S. 17) ist ein einziger grüner Erholungspark

King Jr. 8 auf und entlang der Uferpromenade stehen Bänke, von denen aus man im Schatten der Bäume sitzend den Booten zuschauen kann. Rings um das Tidal Basin herum stehen jene Kirschbäume, die Anfang des 20. Jh. als Geschenk aus Japan kamen und das Kernstück des jährlichen Cherry Blossom Festivals (s. S. 84) bilden. Folgt man dem Potomac River vom Tidal Basin in nordwestliche Richtung, schließt sich der ebenfalls mit Kirschbäumen bestandene **West Potomac Park** an, der am Lincoln Memorial 6 endet und zu Picknick, Ballspielen oder nur zum Ausruhen einlädt. Weiter südlich, am Washington Channel, ist **The Wharf** (District Wharf) mit Parks, Piers, Promenaden, Botosverleih u. a. Freizeitangeboten entstanden (s. S. 43).

Im Südwesten der Stadt, nahe dem Eastern Market 27, ist der große **Lincoln Park** beliebt bei Joggern u. a. Freizeitsportlern, aber auch bei Familien für ein Picknick und als Spielplatz. Weiter im Nordwesten wird „Natur pur" mit Wald und Fluss geboten: im **Rock Creek Park**, der bereits 1890 zum Erholungsareal erklärt wurde, und wo sich auch Fahrrad- und Laufwege befinden.

Nordwestlich von **Georgetown** 38, wo die Waterfront am C&O Canal zum Leute Beobachten und Trails zu sportlichen Aktivitäten einladen, sind die europäisch beeinflussten formalen Gärten von **Dumbarton Oaks** prädestiniert zum Träumen. Idyllisch-ruhig ist der **Arlington Cemetery** 46 abseits vom Kennedy-Grab oder Grab des Unbekannten Soldaten. Ein ganz spezielles Stück Grün, genaugenommen ein Nationalpark, ist auf dem Weg dorthin **Theodore Roosevelt Island** (s. S. 55) mit Trails, Wald, Marschland und Wasser ringsum.

Zur richtigen Zeit am richtigen Ort

Eigentlich ist in Washington fast das ganze Jahr über etwas los, vor allem an der Mall. Dennoch kann es nicht schaden, die Daten der wichtigsten Events bei der Reiseplanung im Kopf zu haben. Der September ist für Feierlustige ein guter Monat, doch den ganzen Sommer über finden zahlreiche Events im Freien und gratis statt.

› **Infos:** https://washington.org („Events")

Frühjahr

- Anfang März: **DC Independent Film Festival/DCIFF,** https://dciff-indie.org. Ein Filmfestival mit großen Premieren, aber auch Workshops, Vorträgen und Diskussionen.
- Mitte März: **St. Patrick's Day Parade,** http://dcstpatsparade.com. Fest der Iren mit großem Umzug mit Dudelsäcken, Militärgruppen, Tanz, viel grüner Farbe und Guinness-Bier.
- Ende März: **Rock'n'Roll Marathon,** www.runrocknroll.com/dc. Marathon und Halbmarathon durch die Hauptstadt mit rund einer halben Mio. Teilnehmern, außerdem Fitness- und Gesundheitsmesse.
- Ostern: **White House Easter Egg Roll** (Kinderevent vor dem Weißen Haus auf dem South Lawn) und **White House Spring Garden Tours:** Touren durch Jacqueline Kennedy Garden, Rose Garden und South Lawn (Gratistickets nach „first-come, first-served"-Prinzip).
- Anfang April: **Washington Nationals Home Opener,** http://washington.nationals.mlb.com. „Play Ball!" – die Washington Nationals starten in die neue Baseball-Saison und der Präsident (mit Ausnahme von Trump) wirft traditionell den ersten Ball.

› Mai: **Passport DC,** www.culturaltourismdc.org/portal/passport-dc1. Den ganzen Monat über finden internationale kulturelle Veranstaltungen an verschiedenen Orten statt, z. B. Straßenfestivals, Tanz, Musik, Kulinarisches und Ausstellungen; außerdem: „Tag der Offenen Tür" in verschiedenen Botschaften.

Sommer

› Letztes Maiwochenende: **Memorial Day Weekend,** https://washington.org/things-to-do-this-memorial-day-weekend-washington-dc. Zur Erinnerung an die Kriegsveteranen und zugleich Beginn der Sommersaison. U. a. gibt es ein Konzert vor dem Capitol, eine Militärparade und eine große Motorrad-Rallye der **Rolling Thunder** (http://rollingthunderrun.com).

› Mitte/Ende Juni: **By the People Festival,** https://halcyonhouse.org/by-the-people. Vielseitiges, innovatives Kunst- und Kulturfestival an verschiedenen Orten der Stadt: Installationen, Vorträge, Diskussionen, Performances, Workshops und vieles mehr.

› Juli: **Capital Fringe Festival,** www.capitalfringe.org. Gut zwei Wochen lang über 500 Aufführungen auf verschiedenen Bühnen – kreativ, schräg, zeitgenössisch – aus allen Bereichen (Theater, Tanz, Musik, Dichtung etc.).

› 1. Junihälfte: **Capital Pride Celebration,** www.capitalpride.org. Fest der LGBT-Gemeinde mit Veranstaltungen, Konzerten und als Höhepunkt einer Parade sowie einem großen Festival am letzten Wochenende.

› Mitte Juni: **DC Jazz Festival,** www.dcjazzfest.org. Größtes Musikfestival in der

EXTRATIPP

National Cherry Blossom Festival

Ende März, Anfang April wird für drei Wochen der Frühlingsbeginn gefeiert. Während der Blüte der unzähligen japanischen Kirschbäume, die „Sakura" heißen und 1912 als Geschenk aus Tokyo in die Hauptstadt kamen, gibt es Veranstaltungen wie einen Umzug oder man lässt Drachen steigen. Am meisten los ist auf der Mall und rings um das Tidal Basin, wo Bühnen und Stände aufgebaut werden und japanische Laternen für romantische Abendstimmung sorgen.

› Infos: www.nationalcherryblossomfestival.org

021wa-Washington.org

112wa-Washington.org©Jason Dixson

Hauptstadt mit über 125 Auftritten an etwa 60 Veranstaltungsorten, u. a. im The Hamilton (s. S. 72) und an The Wharf (s. S. 43).

- Ende Juni: **Giant National Barbecue Battle,** http://bbqindc.com. An einem Wochenende qualmen an der Pennsylvania Ave. NW (9th–14th St.) die Grills, dazu Musik und Entertainment.
- Ende Juni/Anfang Juli: **Smithsonian Folklife Festival,** www.festival.si.edu. Zehn Tage lang steht die Mall mit Tanz, Musik und Verkaufsständen im Zeichen bestimmter Völker und Kulturen (jährlich wechselnd).
- 4. Juli: **Independence Day Celebration,** http://nps.gov/subjects/nationalmall4th/index.htm, www.july4thparade.com. Umzug auf der Constitution Ave. und Feuerwerk über dem Washington Monument. Bei Sonnenuntergang spielt das National Symphony Orchestra auf dem West Lawn des Capitol.

D.C. feiert den Adams Morgan Day

Herbst

- Wochenende um den 1. Mo. im September: **Labor Day Weekend,** https://washington.org/visit-dc/ways-celebrate-labor-day-weekend-washington-dc. Z. B. National Symphony Orchestra Labor Day Concert.
- 2. Septemberhälfte: **H Street Festival,** http://hstreet.org/events/festival. Das Straßenfest mit Livekonzerten und Verkaufsständen findet an einem Sonntag statt.
- Mitte September: **Nation's Football Classic,** https://nationsfootballclassic.com. Zu Saisonbeginn stehen sich die Teams zweier angesehener afroamerikanischer Universitäten (Howard Uni aus D.C. und Morehouse College aus Atlanta) im RFK Stadium zum College Football gegenüber.
- 2. Sonntag im September: **Adams Morgan Day,** www.admoday.com. Straßenfest an der 18th St. NW, zwischen Columbia Rd. und Florida Ave., mit guter Musik auf drei Bühnen sowie Verkaufsständen.

Feiertage

In den USA gibt es die arbeitnehmerfreundliche Gepflogenheit, Feiertage auf einen Montag zu legen.

Die **Feriensaison** dauert landesweit von Memorial Day bis Labor Day.

- 1. Januar: **New Year's Day**
- 3. Montag im Januar: **Martin Luther King's Birthday**
- 3. Montag im Februar: **President's Day** (Washington's Birthday)
- Ende März/April: **Easter Sunday** (Ostersonntag). **Karfreitag** (Good Friday) gilt eingeschränkt als Feiertag, Ostermontag nicht.
- 16. April: **Emancipation Day** – damit wird das Ende der Sklaverei in D.C. gefeiert
- letzter Montag im Mai: **Memorial Day** (Beginn der Feriensaison)
- 4. Juli: **Independence Day** („4th of July")
- 1. Montag im September: **Labor Day** (Ende der Feriensaison)
- 2. Montag im Oktober: **Columbus Day** (Feier zu Ehren von Christoph Kolumbus)
- 31. Okt.: **Halloween** (kein offizieller Feiertag)
- 11. November: **Veterans' Day** (Erinnerung an die Kriegsveteranen)
- 4. Donnerstag im November: **Thanksgiving Day** (Erntedankfest)
- 25. Dezember: **Christmas Day.** Heiligabend und 2. Weihnachtstag sind keine Feiertage.

Winter

- 11. November: **Veterans Day,** https://washington.org/dc-guide-to/veterans-day-in-washington-dc. Ehrung der Veteranen, v. a. im Arlington National Cemetery (große Kranzniederlegungs-Zeremonie am Grab des Unbekannten Soldaten, 11 Uhr), am Vietnam Veterans und am U.S. Navy Memorial, daneben Konzerte, Ausstellungen u. a. Veranstaltungen.
- Anfang Dez.: **National Christmas Tree Lightning,** http://thenationaltree.org. Der Präsident entzündet die Lichter am großen Baum auf dem ovalen Platz („The Ellipse") vor dem White House, dazu Veranstaltungen. 56 kleinere Weihnachtsbäume ringsum symbolisieren die US-Bundesstaaten und -Territorien. Vor dem U.S. Capitol steht der „Peoples Tree" und in der Union Station ein weiterer prachtvoll dekorierter Weihnachtsbaum (www.unionstationdc.com/events).
- Vorweihnachtszeit: **Downtown Holiday Market,** im Penn Quarter (8th/F St.), Ende Nov.–23. Dez., tgl. 12–20 Uhr, http://downtownholidaymarket.com. Über 150 Aussteller bieten weihnachtliche und andere Waren und kulinarische Spezialitäten an, dazu Musik u. a. Veranstaltungen. Außerdem **Weihnachtsaufführungen** wie „A Christmas Carol" nach Charles Dickens im Ford's Theater (www.fords.org/calendar) oder „The Nutcracker" (www.washingtonballet.org) im Warner Theatre. Außerdem Nov.–Mitte März: **Holiday Ice Skating** – Schlittschuhlaufen am Washington Harbour, im Canal Park und im NGA Sculpture Garden.

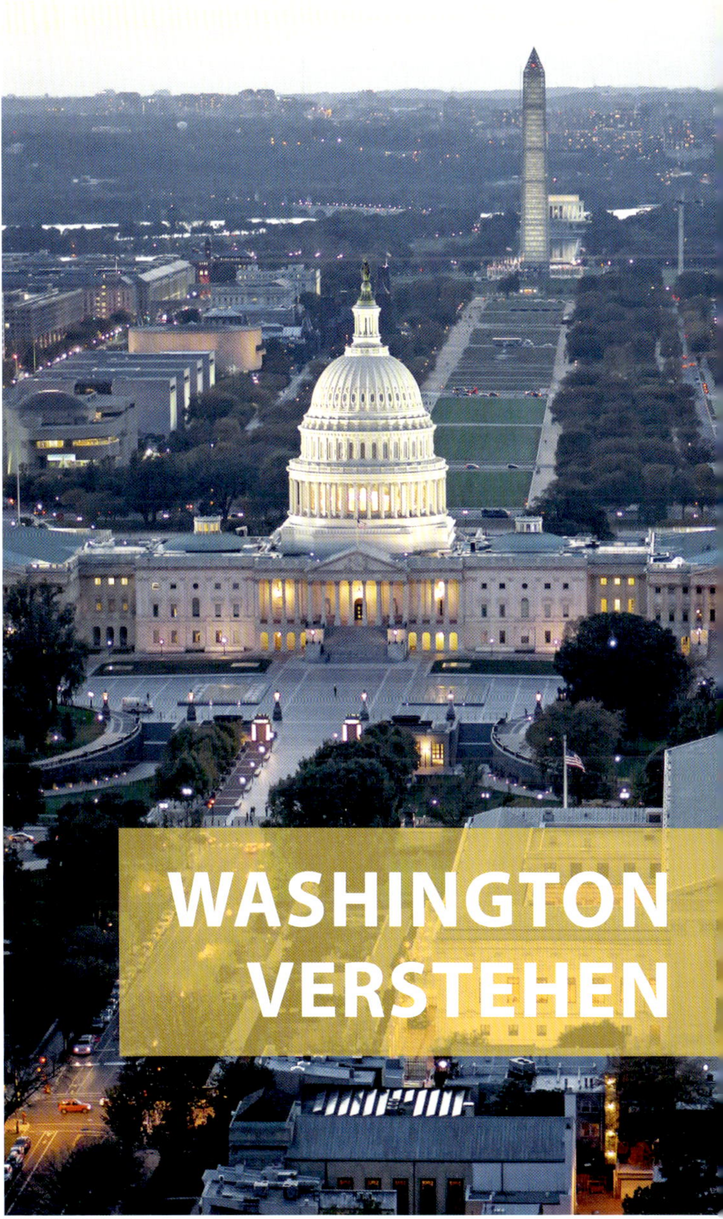

WASHINGTON VERSTEHEN

003wa-Washington.org

John F. Kennedy beschrieb Washington einmal als „Community of Southern efficiency and Northern charm". In der Tat, die US-Hauptstadt ist einerseits Teil der Südstaaten, z. B. was Flora, Fauna und Klima angeht, was die Bevölkerung betrifft, gleicht Washington aber eher dem nördlich gelegenen New York City: „businesslike" und immer ein wenig hektisch, dazu etwas steril, verschlafen und unnahbar. D.C. ist keine Stadt, die sich anbiedert und die man auf den ersten Blick liebt. Die meisten Besucher kommen wegen der Museen und Monumente hierher und natürlich – im Falle der Amerikaner –, um der Wiege der modernen Demokratie Referenz zu erweisen.

EXTRAINFO

Washington in Zahlen

Gründung: 16. Juli 1790 (Residence Act)
Stadtfläche: rund 177 km², 159 davon Landfläche, 18 km² Wasser
Höchster Punkt: 125 m (Fort Reno Park, NW Washington)
Niedrigster Punkt: 0 m am Potomac River
Einwohner: über 700.000 (Stand 2019), im Großraum ca. 6,1 Mio.
Bevölkerungsdichte: ca. 4300 Einw./km² (US-Durchschnitt: ca. 35 Einw./km²)
Flagge: drei rote, fünfzackige Sterne über zwei roten, parallel verlaufenden Streifen auf weißem Grund – eine Variante von George Washingtons Familienwappen
Stadtmotto: Justitia Omnibus („Justice for All", „Gerechtigkeit für alle")

Washington – ein Porträt

Es ist ein erhebender Anblick, wenn man vor dem White House, dem Capitol oder der Library of Congress steht, denn hier wird die Politik des mächtigsten Landes der Welt „gemacht". Die US-Bundeshauptstadt Washington D.C. mit über 700.000 Einwohnern, in der Mehrzahl Afroamerikaner, ist nicht nur Schaltzentrale der Weltpolitik und Wiege der modernen Demokratie, sondern auch ein einzigartiges Kunst- und Kulturzentrum.

D.C. ist alles andere als eine typisch amerikanische Stadt: Es gibt hier im Zentrum **keine Hochhäuser** – Bauten mit mehr als 13 Etagen sind gesetzlich untersagt –, dafür v. a. funktionale Verwaltungsbauten, teils im repräsentativen klassizistischen Stil, teils im nichtssagend-modernen „Betonstil". Rund 340.000 Staatsbeschäftigte (inklusive Militär) gehen hier ein und aus, leben jedoch überwiegend im Großraum. Erst allmählich ist eine Rückkehr in die zentrumsnahen Viertel zu beobachten und neue Wohnbauten, Lokale und Geschäfte machen das Zentrum wieder attraktiv. Als Industriestandort spielt die Stadt kaum eine Rolle, wohl aber als **Sitz von ausländischen Vertretungen**, Organisationen, Gewerkschaften, Forschungsinstituten und Firmen, die im Auftrag der Regierung arbeiten. Außerdem sind große Rüstungs- und Technologieunternehmen hier zu Hause und der **Tourismus**, v. a. auf nationaler Ebene, spielt eine große Rolle.

Vorseite: Blick über die Mall vom Capitol 25 zum Washington Monument 13

104wa-washington.org

Washington D.C., offiziell „District of Columbia" und **kurz „D.C." genannt**, wurde mittels Gesetz im Juli 1790 vom Kongress zur Hauptstadt der Vereinigten Staaten erklärt. Deshalb nimmt die Stadt seither auch einen **Sonderstatus** ein: Laut Verfassung handelt es sich um einen „Federal District". Das Land, das einst von Maryland und Virginia zur Verfügung gestellt wurde, untersteht ausschließlich dem Kongress. Es gibt seit 1973 zwar eine Stadtverwaltung mit Bürgermeister, doch das Gebiet selbst ist kein eigenständiger US-Staat oder Teil eines solchen. Verschiedene Initiativen versuchen immer wieder, gegen den Widerstand des Kongresses D.C. zum Bundesstaat zu machen.

Washington D.C. liegt an der **zentralen Ostküste** der USA, zwischen dem Bergzug der **Blue Ridge Mountains** – Teil der Appalachen-Bergkette, die sich vom Norden (Maine) bis in den tiefen Süden (Georgia) im Hinterland der Ostküste hinzieht – und der Atlantikküste, die von D.C. gute 50 km Luftlinie entfernt ist. Damit gehört D.C. geografisch zur **Mittelatlantik-Region**, liegt aber zugleich am Übergang zu den **„Südstaaten"**. Das benachbarte Virginia gilt bereits als klassischer Südstaat, zumal dessen Hauptstadt Richmond während des Bürgerkriegs in der Mitte des 19. Jh. als Machtzentrale der Konföderierten galt.

Dank der geografischen Lage ist das **Klima moderat**, mit angenehmen Temperaturen in Frühjahr und Herbst, heißen und feuchten Sommern und nicht allzu kalten Wintern. Nur hin und wieder sucht ein Schneesturm die Region heim.

Das Stadtgebiet bildet ein Karree von rund 16 km Seitenlänge und rund 160 km² Fläche und wird von den Staaten Maryland und Virginia umschlossen. D.C. liegt am Ostufer des **Potomac River**, der gut 30 km südöstlich in die ausgedehnte Chesapeake Bay mündet und im Nordwesten die Grenze zwischen Virginia und Maryland bildet. Weitere Flüsse auf Stadt-

Das zwischen 1915 und 1922 erbaute Lincoln Memorial 6 *ehrt den 16. Präsidenten der USA*

Eine Hauptstadt für George Washington

George Washington (1732-1799, im Amt 1789-1797), Held des amerikanischen Unabhängigkeitskriegs und erster Präsident der jungen Vereinigten Staaten, hatte zwar den Ort für die neue Hauptstadt ausgewählt, doch dass man sie dann nach ihm benannte, war ihm zu viel. Deshalb sprach er stets von der „Federal City", während den anderen Politikern - allen voran Thomas Jefferson - von Anfang an klar war, dass das neue politische Zentrum ihm zu Ehren „Washington" genannt werden müsse. Als offizieller Name wurde schließlich festgelegt: „The City of Washington in the Territory of Columbia". Der Zusatz „Columbia" bezog sich dabei auf Christoph Columbus. Viele der frühen Politiker bezeichneten das neue Staatsgebilde nämlich nicht als die „Vereinigten Staaten von Amerika", sondern sprachen von „Columbia".

Der auf Seiten der amerikanischen Revolutionstruppen kämpfende, aus Frankreich stammenden Offizier und gelernte Architekt ***Pierre Charles L'Enfant*** *wurde von Präsident Washington 1791 beauftragt, die neue Hauptstadt zu planen. Das Multigenie Thomas Jefferson konnte es sich dabei nicht verkneifen, Einfluss zu nehmen, indem er L'Enfant einige Pläne europäischer Städte als Vorbilder vorlegte. L'Enfant legte 1792 den Plan für eine weitläufige Stadt für 100.000 Einwohner vor, mit klar gegliedertem Straßennetz in Form eines* ***Gitterrasters*** *mit teils nummerierten, teils mit Buchstaben bezeichneten Straßen, eingeteilt in vier Quadranten.*

Hauptachse, Prachtmeile und Aushängeschild sollte die 500 m breite Grand Ave., vom Capitol zum Potomac, genannt ***„The National Mall"***, *werden. Ursprünglich nur als grünes Erholungsidyll vorgesehen, wurde sie im Laufe der Zeit mit Museen und Monumenten bebaut. Zwischen Capitol und Weißem Haus als Ankerpunkte verlief die Pennsylvania Ave., eine von mehreren diagonal geplanten Straßen, die nach den 13 Gründerstaaten benannt wurden.*

Doch L'Enfant wurde nach Streitigkeiten mit Senat und Baukommission von Präsident Washington 1792 wieder abberufen. Der Leiter der Baukommission, Andrew Ellicott, übernahm die Aufsicht und modifizierte den Plan. Er erinnert heute stark an eines der von Jefferson präferierten Vorbilder: den Stadtplan von Karlsruhe. Erst im Rahmen der um 1900 eingeleiteten Neubaumaßnahmen im Zuge der Aktion „City Beautiful" entsann man sich wieder der Originalpläne von L'Enfant und realisierte Mall- und Regierungsbereich wie ursprünglich vorgesehen.

gebiet sind der **Anacostia River** im Süden und der **Rock Creek** im Nordwesten. Zugleich beginnt in Georgetown – heute ein Stadtviertel von D.C., einst eine eigenständige Siedlung – der historische **Chesapeake and Ohio Canal** (C&O Canal). Er wurde im frühen 19. Jh. als Handelsroute von der Küste ins Hinterland und zur Umgehung der Great Falls, der Wasserfälle des Potomac, konstruiert.

Angelegt **im Gitterraster** nach dem Plan von Pierre Charles L'Enfant, wurde das Gebiet zudem in **vier Quadran-**

ten eingeteilt: Northeast (NE), Northwest (NW), Southeast (SE) und Southwest (SW); entsprechend sind die Straßenbezeichnungen mit diesen Abkürzungen versehen. Die Achsen, die die Quadranten verbinden, gehen vom Capitol aus und die Hausnummern folgen der Zahl von Blocks, die sie vom Capitol entfernt sind. Straßen in Ost-West-Richtung tragen Buchstaben, jene in Nord-Süd-Richtung Ziffern, die diagonal verlaufenden Avenues sind nach den 13 Gründerstaaten benannt. Besonders wichtige Achsen sind die **Pennsylvania Ave.**, die das Weiße Haus mit dem Capitol verbindet, und die **Massachusetts Ave.**, an der sich Konsulate und Botschaften aufreihen und die deshalb auch „Embassy Row" genannt wird.

Ein Viertel der Hauptstadt besteht aus Grünland, dabei ragt im Luftbild das Areal um die **National Mall** heraus: **eine** riesige, ausgedehnte **Grünfläche**, breite Alleen und eine Ballung von Museen und Monumenten. Washington wirkt ein wenig streng und europäisch, was v. a. an der Planung durch einen französischen Architekten auf dem Reißbrett und an der Funktion als Verwaltungsmetropole liegt. So meinte einmal der Schriftsteller Dylan Thomas (1914–1953): „Washington isn't a city, it's an abstraction".

Hauptanziehungspunkte sind die National Mall, der Capitol Hill und das historische Georgetown, dazu als **wichtigste Stadtteile** die Viertel um Dupont Circle/Embassy Row, das Penn Quarter und – „up and coming" – Adams Morgan und U Street. Mitten im Revitalisierungsprozess befinden sich die Capitol Waterfront mit dem Baseballstadion, der sich südwestlich anschließende Southwest District (mit neuem Fußballstadion und The Wharf) oder Anacostia am südlichen Ufer des gleichnamigen Flusses.

024wa-Washington.org©John Healey

D.C. ist – ungeachtet **chronischer Verkehrsprobleme** – eine grüne und auch entspannte Stadt, zudem **familienfreundlich** und **tolerant** gegenüber den unterschiedlichsten Ethnien und Gesellschaftsgruppen. Echte „ethnische" Viertel sind zwar selten – eines davon ist das kleine Chinatown im Stadtzentrum und eine salvadorianische Enklave befindet sich in Mt. Pleasant – doch dafür vermischen sich hier die Ethnien und Kulturen zu einem bunten Mosaik.

Zeugnis alter Hafenzeiten: der Chesapeake & Ohio Canal

KURZ & KNAPP

Terminologie „D.C."

Um Verwechslungen mit dem Staat Washington im Nordwesten der USA zu vermeiden, wird Washington immer mit dem Zusatz „D.C." (DC) versehen. In der Umgangssprache ist zudem kurz „D.C." üblich. Gelegentlich hört man auch „The District", denn Washington ist identisch mit dem „District of Columbia", ist jedoch kein eigener Bundesstaat.

Von den Anfängen bis zur Gegenwart

Da die Geschichte von D.C. als Hauptstadt eng mit der amerikanischen Geschichte im Allgemeinen verknüpft ist, könnte man hier Seiten füllen. Im Folgenden sollen nur die wichtigsten Daten Erwähnung finden – jene, die die Stadt selbst und ihre Bewohner betreffen.

Nach der Unabhängigkeitserklärung 1776 und während und nach den Wirren des Unabhängigkeitskrieges, der Abnabelung vom ehemaligen Mutterland Großbritannien, dachte niemand in den damals 13 „Vereinigten Staaten" an eine permanente Hauptstadt. Man tagte einmal in Baltimore, einmal in Philadelphia – insgesamt an acht verschiedenen Orten. Als in Philadelphia 1783 Truppen wegen ihres Solds meuterten und es unruhig wurde, beschlossen die Kongressmitglieder, endlich eine **„richtige" Hauptstadt** zu gründen. Diese sollte sich durch ihre zentrale Lage zu den 13 Gründerstaaten auszeichnen, unabhängig und nicht auf den Schutz eines einzelnen Bundesstaates angewiesen sein. Es sollte dauern, bis man sich geeinigt hatte, und noch 1788 mahnte James Madison, einer der Unterzeichner der Unabhängigkeitserklärung, in einem Zeitschriftenartikel die Gründung einer unabhängigen Hauptstadt an.

1787: In den 8. Absatz des ersten Artikels der ratifizierten Verfassung wird die geplante Gründung eines „Districts", der als Hauptstadt dienen soll, aufgenommen.

1790: Mit dem „Residence Act" vom Juli wird der „District of Columbia" offiziell eingerichtet, nachdem sich die 13 Gründerstaaten auf Vorschlag George Washingtons auf ein Stück bis dato weitgehend unbesiedeltes Land am Potomac River geeinigt hatten. Maryland stellte 179 km² und das benachbarte Virginia 80 km² Land zur Verfügung. Zwei schon existierende Orte wurden miteinbezogen: das 1751 gegründete kleine Hafenstädtchen Georgetown und das zwei Jahre zuvor entstandene Alexandria (seit dem 19. Jh. wieder eigenständig).

1791: Der auf Seiten der amerikanischen Revolutionstruppen kämpfende, aus Frankreich stammenden Offizier und Architekt Pierre Charles L'Enfant wird von Präsident Washington beauftragt, die neue Hauptstadt zu planen. Sie erhält noch im gleichen Jahr den Namen des ersten US-Präsidenten und wird mit dem Zusatz „Columbia" versehen. Ein Jahr später wird L'Enfant entlassen, sein Mitarbeiter Andrew Ellicott übernimmt.

025wa-mb

Nach ihm wurde die Stadt benannt: Präsident George Washington

Um **1800** stehen die ersten Bauten, darunter das Weiße Haus und das Kongressgebäude, sodass im November 1800 zum ersten Mal der Kongress in der neuen Hauptstadt tagt.

1814: Am 24. und 25. August geht die junge Hauptstadt während des sog. War of 1812 – auch bekannt als Zweiter Unabhängigkeitskrieg – nach der Eroberung durch britische Truppen in Flammen auf. Neben dem Capitol wird das White House zerstört. Der Wiederaufbau zieht sich bis 1868 hin. 1846 verzichtet der Kongress auf das ursprünglich von Virginia zur Verfügung gestellte Stück Land (heute Arlington/VA).

1861–1865: Während des Bürgerkriegs, der bei einigen Schlachten quasi vor den Stadttoren tobt, floriert Washington dank der Rüstungsindustrie und als Armeestützpunkt. Nach Kriegsende ziehen viele befreite Sklaven auf der Suche nach Arbeit in die Hauptstadt.

1870: Die Stadt ist auf über 132.000 Einwohner angewachsen, doch es mangelt infrastrukturell an allen Ecken und Enden. Dem Wunsch vieler Abgeordneter, die Hauptstadt weiter in den Westen zu verlegen, widersetzt sich Präsident Ulysses S. Grant.

1871: Auf Grants Initiative hin wird der „Organic Act“ verabschiedet, der die Verwaltung des Districts neu regelt und eine Verbesserung der Infrastruktur zur Folge hat: Z. B. verkehren 1888 die ersten Straßenbahnen.

Um **1900** entsinnt man sich nach Jahren des unkontrollierten Bauens wieder der Originalpläne von L'Enfant und realisiert unter dem Motto „City Beautiful“ Mall- und Regierungsbereich weitgehend wie vorgesehen.

1930er-Jahre: Während der Wirtschaftskrise sorgt das staatliche Arbeitsbeschaffungsprogramm des „New Deal“ für den Bau von Museen und Monumenten sowie neuer Verwaltungsbauten.

1932 werden die Washington Redskins gegründet. Das professionelle American-Football-Team gewinnt in der Folge fünf Meisterschaften (1937,1942, 1982, 1987 und 1991).

1950: Die Hauptstadt zählt über 800.000 Einwohner.

1961: Der 23. Verfassungszusatz gewährt D.C. erstmals drei Stimmen bei der Präsidentenwahl.

27./28. August 1963: Mit dem „March on Washington for Jobs and Freedom“ und der legendären Rede von Martin Luther King Jr., vor dem Lincoln Memorial erlebt die Bürgerrechtsbewegung ihren Höhepunkt.

1968: Auch in der Hauptstadt brechen nach der Ermordung Kings in Memphis am 4. April Unruhen aus.

1972: Die „Watergate-Affäre“ kostet Präsident Nixon 1974 das Amt.

1973: Mit dem „District of Columbia Home Rule Act“ erhält D.C. das Stadtrecht, nachdem es vorher nur ein von Beamten verwalteter Federal District war. Seither gibt es neben dem Bürgermeister – 1975 wurde der Afroamerikaner Walter Washington zum ersten *mayor* gewählt – einen 13-köpfigen Stadtrat.

1974: Gründung des Profi-Eishockeyteams Washington Capitals.

1978: Die Basketballer Washington Wizards – 1961 in Chicago gegründet und via Baltimore 1974 nach D.C. gelangt, gewinnen die Meisterschaft unter dem Namen „Bullets“.

1996: D.C. United gehört zu den Gründungsmannschaften der Profi-Fußballliga MLS und zählt mit vier Titeln (1996, 1997, 1999 und 2004) zu den erfolgreichsten Mannschaften in der sportverrückten Stadt.

9. September 2001: Während das World Trade Center von zwei Flugzeugen zerstört wird, steuern Terroristen den American Airlines Flug Nr. 77 ins Pentagon. Der Bau wird beschädigt und neben

„I have a dream ..."

„I have a dream that one day on the red hills of Georgia, the sons of former slaves and the sons of former slave owners will be able to sit down together at the table of brotherhood. I have a dream that little children will one day live in a nation where they will be judged not by the color of their skins but by the content of their character." Mit diesen Sätzen beginnt die legendäre Rede von Dr. Martin Luther King Jr., die er am 28. August 1963 vor dem Lincoln Memorial vor etwa 200.000 Menschen hielt. Zwischen 1955 und 1968 war er zum Symbol im Kampf um Gleichberechtigung und Aufhebung der Rassendiskriminierung geworden, geführt unter den Maximen der Gewaltlosigkeit und der christlichen Moral unter Zuhilfenahme einer neuen Protestform: der Massendemonstration. King hatte die Notwendigkeit eines ökonomischen und strukturellen Wandels erkannt und agierte als kluger politischer Taktiker und ausdrucksstarker Redner, der mit seinen Bezügen auf das Christentum und sein großes Vorbild Mahatma Ghandi das Publikum begeisterte und mitriss.

Wie schon sein Vater und sein Großvater stand der 1955 in Boston promovierte Theologe als Pastor einer schwarzen Baptistengemeinde in Atlanta vor. Hier formierte sich unter seiner charismatischen Leitung mit der Gründung der „Southern Christian Leadership Conference" (SCLC) 1957 das Civil Rights Movement. Auslöser für die Entstehung dieser Organisation war ein Vorfall am 1.12.1955: Die dunkelhäutige Rosa Parks hatte sich, als sie am Abend von der Arbeit müde im Bus nach Hause fuhr, geweigert, ihren Platz für einen weißen Mann, der später eingestiegen war, zu räumen. Eine Welle schwarzer Protestaktionen und Busboykotts, die bis Ende 1956 anhielt, schwappte auch auf andere Südstaatenstädte über, und dies war nur der Anfang: In den frühen 1960er-Jahren kam der aufgestaute Zorn der Afroamerikaner über Diskriminierung und Abwertung zu Menschen zweiter Klasse zum Überkochen: Protestmärsche, Boykotts und Sit-ins waren die Folge, auf die Polizei und Politik hilflos mit Massenverhaftungen und brutalem Vorgehen reagierten. Um auf die diskriminierende Regierungspolitik, aber auch auf soziale Ungerechtigkeit aufmerksam zu machen, initiierte King im August 1963 den Marsch nach Washington D.C., bei dem über 200.000 Personen ihre Solidarität bekundeten und der in der „I have a dream"-Rede seinen Abschluss fand. Dieser Massenprotest war der Stein des Anstoßes für den damaligen Präsidenten John F. Kennedy, sich für die Bürgerrechte einzusetzen, und 1964 konnten King und das Civil Rights Movement mit der Verabschiedung des „Civil Rights Acts" unter Präsident Lyndon B. Johnson einen ersten großen Erfolg feiern. Im gleichen Jahr erhielt King den Friedensnobelpreis und 1965 folgte der „Voting Rights Act" (1965) - das Zugeständnis des Wahlrechts.

Im März 1968 ließ sich King zur Teilnahme an einer Demonstration von Arbeitern in Memphis überreden, war jedoch entrüstet und enttäuscht über die wachsende Brutalität schwarzer Radikaler. Am 4.4.1968 wurde er im Alter von 39 Jahren während der Planung eines zweiten (gewaltlosen) Protestmarschs auf dem Balkon des Lorraine-Motels in Memphis erschossen.

59 Menschen an Bord sterben 125 Bedienstete. Geplant war wohl auch, mit United Airlines Flight 93 das Capitol zu zerstören, doch bei dem Versuch einiger Fluggäste, die Terroristen zu überwältigen, stürzt die Maschine bereits in Pennsylvania ab.

2005: Das Baseballteam „Expos" verlässt Montréal und zieht als „Washington Nationals" nach D.C. um. Seit 2008 spielen sie im neuen Nationals Park in Navy Yard. Die Nationals gehoren zu den Topteams der Liga.

23. August 2011: Ein Erdbeben, das weite Teile der Ostküste erschüttert, ruft auch in D.C. Schäden hervor. Umfangreiche Renovierungsarbeiten, u. a. an Union Station und Capitol, sind die Folge.

29./30. Oktober 2012: Hurricane Sandy, der New Jersey und New York City schwer in Mitleidenschaft zieht, streift die Hauptstadt ohne größere Schäden anzurichten.

2015: Die Stadt begeht den 150. Todestag des wohl beliebtesten Präsidenten der amerikanischen Geschichte: Am 14. April 1865 wurde Abraham Lincoln im Ford's Theatre von einem Südstaaten-Fanatiker angeschossen und starb am nächsten Morgen.

Sept. 2016: Das National Museum of African American History and Culture wird neu an der Mall eröffnet.

Nov. 2017: Neueröffnung des Museum of the Bible

2018: Wiederwahl von Bürgermeisterin Murie Bowser für eine zweite Amtsperiode. Die Capitals (Eishockey) gewinnen ihren ersten Meistertitel.

2019: Neueröffnung des International Spy Museum und Wiedereröffnung des Washington Monument.

2020: Geplante Eröffnung des Dwight D. Eisenhower Memorial. Die Metro-Linie Silver Line soll den Flughafen erreichen.

2021: Geplante Eröffnung des National World War I Memorial

Leben in der Stadt

Washington ist verwaltungstechnisch ein Unikum: Stadt und Bundesbezirk („District of Columbia") in einem. Dabei dürfen die einem Sonderstatus unterliegenden Hauptstädter erst seit 1964 an den Präsidentschaftswahlen teilnehmen, seit 1970 auch an den Kongresswahlen, allerdings sitzt bis heute kein Vertreter der Stadt im Senat. Erst seit 1974 verfügt Washington über eine eigenständige Verwaltung mit Bürgermeister und Stadtrat.

Die Washingtonians

„You want a friend in Washington? Get a dog", meinte einmal Expräsident Harry S. Truman sarkastisch und sprach damit die Mentalität der Bewohner im Zentrum der Macht an. In D.C. ist man sich seiner Besonderheit nämlich durchaus bewusst, gibt sich etwas „snobbish" und „ehrwürdig-staatstragend", andererseits aber auch cool und hip. Kritiker behaupten, D.C. hätte eine **„Bubble Mentality"**, lebe in einer Blase und kümmere sich wenig um Wirtschaftlage oder Arbeitslosigkeit, gesellschaftliche oder soziale Probleme. Als eine der reichsten Städte im Land ist man schließlich kaum betroffen von wirtschaftlichen Krisen. „To the men in Washington, the world is just a giant Monopoly board", bestätigt auch Schauspieler Woody Harrelson – in Washington macht man Politik und zieht die Fäden.

In Washington D.C. leben heute **über 700.000 Menschen**, wobei zusätzlich täglich eine große Zahl von Pendlern aus Maryland und Virginia in die Hauptstadt einfällt. Der Großraum („Metro Area" oder „National

Capital Region/NCR") zählt **ca. 6,1 Mio. Menschen.** 2018 standen rund 45 % Afroamerikanern 41 % Weiße gegenüber. 1970 waren es noch 70 % Afroamerikaner (USA gesamt: 77 % weiß, 13 % schwarz). Dazu kommen in Washington rund 10 % Hispanics oder Latinos – mit steigender Tendenz –, v.a. El Salvadorianer, die sich in Mt. Pleasant ansiedeln, sowie kleinere Gruppen von Vietnamesen und Äthiopiern.

D.C. ist eine **internationale Stadt** und rund 90.000 Bewohner (ca. 15 %) sprechen eine andere Sprache als Englisch; ca. 13 % sind im Ausland geboren. 2010 wurden hier die ersten Urkunden für **gleichgeschlechtliche Ehen** ausgestellt und daher ist die Zahl von Homosexuellen in Washington relativ hoch.

Die Stadt weist einen **hohen Bildungsstandard** auf: Über die Hälfte der Bevölkerung hat mindestens ein „Bachelor Degree" (Rest-USA: ungefähr ein Drittel) und das Pro-Kopf-Einkommen ist deutlich höher als im US-Durchschnitt. Allerdings gibt es auch mehr Arme und eine höhere Arbeitslosigkeit (6 %, US-Durchschnitt: knapp 4 %).

Washingtonians gelten als besonders **sportverrückt.** So wundert es nicht, dass in allen Hauptsportarten Profiteams zu finden sind: Nationals (Baseball), Capitals (Eishockey), Redskins (American Football), Wizards (Basketball), Mystics (Frauen-Basketball) sowie D.C. United (Fußball) und Spirit (Frauenfußball).

Was die Einheimischen außer dem Sport eint, ist der Ärger über den **Straßenverkehr**, über ständige Staus, fehlende Parkplätze und lange Wege zwischen Büro und Wohnung. Aufgrund der schlechten Straßenplanung und der Verkehrsdichte ist es kein Zuckerlecken, in D.C. mit dem Auto unterwegs zu sein. Wer kann, steigt auf Metro (U-Bahn) und Busse oder aufs Fahrrad um.

Mit Glitzer und Glamour wie New York City oder Los Angeles hat D.C. nicht viel am Hut, man gibt sich eher kühl und „bedeckt" und nennt nur ungern **Namen berühmter Washingtonians.** Dabei lebten und leben abgesehen von Politikern wie Umweltschützer und Friedensnobelpreisträger Al Gore, John F. Kennedy Jr. oder FBI-Gründer J. Edgar Hoover auch etliche Schauspieler in Washington – z.B. Goldie Hawn, Bridgit Mendler, Isabelle Fuhrmann, Christopher Meloni, Katherine Heigl oder Kristen Johnston. Auch Sportler wie Kevin Durant (Profi-Basketballer) und Andrew Luck (Profi-Footballer), Musiker wie Duke Ellington, Marvin Gaye, DJ Kool oder DJ Spooky, Schriftsteller wie Jean Toomer oder Jonathan Safran Foer und sein Bruder Franklin Foer sowie die Geschäftsführerin von Facebook, Sheryl Sandberg, sind oder waren Einheimische.

D.C. – Zentrum der Macht

Washington D.C. ist ein Weltzentrum der Macht. Die **Hauptstadt aus der Retorte** ist Sitz von US-Regierung und Kongress. Letzterer bestehend aus den beiden Kammern, Senat und Repräsentantenhaus.

Der Präsident und der Oberste Gerichtshof (Supreme Court) sind hier ebenfalls zu Hause. Dazu kommen rund 180 Ländervertretungen, die Sitze vieler internationaler Organisationen, Stiftungen, Vereine und Gewerkschaften.

Seit 1974 steht der Stadt ein eigener Bürgermeister *(mayor)* und ein aus 13 Mitgliedern bestehender Stadtrat (City Council) mit Sitz im

John A. Wilson Bldg. vor; sie werden direkt gewählt. Zuvor war die Stadt durch Staatsbeamte verwaltet worden, doch auch heute noch hat der Kongress das letzte Wort und kann lokale Gesetze boykottieren.

Der **Bürgermeister** wird für vier Jahre gewählt und kann beliebig oft antreten. Bislang sind nur demokratische Politiker in das Amt gewählt worden, darunter so schillernde Persönlichkeiten wie Marion Barry (1936–2014). Der Bürgerrechtler, der wegen Drogenmissbrauchs auch im Gefängnis saß, bekleidete das Amt zweimal. Seit Januar 2015 hat mit der afroamerikanischen Demokratin **Muriel Bowser** zum zweiten Mal eine Frau das höchste Amt inne. Sie wurde 2018 wiedergewählt. Seit 1971 schickt D.C. auch einen (allerdings nicht wahlberechtigten) Abgeordneten ins Repräsentantenhaus, verfügt jedoch über keine Vertretung im Senat.

Hauptarbeitgeber in der Stadt ist die Bundesregierung, die für knapp ein Drittel aller Jobs sorgt. Rechnet man das ganze professionelle Umfeld mit Rechtsanwaltskanzleien, Gewerkschaften, Handelskammern, Berufsverbänden und Lobbyistengruppen ein, kommt man auf fast zwei Drittel. Dazu gibt es im Großraum einige **große Firmen** wie Lockheed Martin (Rüstungs- und Technologiekonzern), SAIC (Technologie), Verizon (Kommunikation) oder Marriott (Hotel) sowie Forschungsinstitute, Medienkonzerne, Krankenhäuser und Universitäten.

Die nahe **University of Maryland** zählt zu den größten Hochschulen, daneben gibt es die Georgetown University, die George Washington University und etliche andere im nahen Virginia und Maryland. An die 200

113wa-mb

ausländische Konsulate, das Diplomatische Corps (das allein an die 10.000 Jobs sichert) und internationale Organisationen wie die Weltbank, der International Monetary Fund oder die Pan American Health Organization sind in Washington ansässig. Der früher wichtige Hafen spielt heute hingegen nur noch eine untergeordnete Rolle.

Zweitwichtigster Wirtschaftszweig nach der Bundesregierung ist der **Tourismus.** 2018 verzeichnete die Hauptstadt rund 23 Mio. Besucher, davon stammten allerdings nur 2 Mio. aus „Übersee“ (ohne Mexiko und Kanada), was zeigt, wie wichtig die Stadt als „Pilgerort“ für Amerikaner ist. In Umfragen und Rankings wird bei D.C. immer zuerst die **Kulturszene** (Museen, Historical Sites und Monuments) als großes Plus genannt. Die vielen kostenlosen Attraktionen werden hervorgehoben, aber auch die Tatsache, dass die Stadt ideal für einen „Familienurlaub“ ist.

Muriel Bowser ist seit 2015 Bürgermeisterin von Washington

Kunst- und Kulturmetropole D.C.

Neben den politischen Symbolen der Macht und den Monumenten gilt die Smithsonian Institution mit ihren Museen als Hauptattraktion der Stadt: Die zugehörigen Museen verzeichnen alljährlich um die 28,5 Mio. Besucher. Dabei führt das National Air & Space Museum, gefolgt vom National Museum of Natural History, dem National Museum of American History und dem Smithsonian American Art Museum, die Beliebtheitsskala an.

„Washington, D.C., has everything that Rome, Paris and London have in the way of great architecture – great power bases. Washington has obelisks and pyramids and underground tunnels and great art and a whole shadow world that we really don't see." Nicht nur bei der „Schattenwelt", von der Thriller-Autor Dan Brown spricht, trifft er ins Schwarze: D.C. ist auch architektonisch eine typische Hauptstadt.

Architektur und öffentliche Kunst

In Architektur-Handbüchern taucht Washington nicht ganz vorn auf. Spektakuläre „Eyecatcher" fehlen weitgehend und der **klassizistische Architekturstil** ist die dominierende Bauform im Stadtzentrum, v.a. um den Capitol Hill, das politische Zentrum der Macht. Die meisten öffentlichen Gebäude sind nach klassisch-antikem Vorbild mit Säulen und Giebeln, breiten Freitreppen, strenger Symmetrie und Kuppeln ausgestattet.

Dieser Stil, der antike römische und griechische Architektur zum Vorbild hat, war Ende des 18. und Anfang des 19. Jh. beliebt, prägnantestes Beispiel ist das **U.S. Capitol**, das 1793 begonnen wurde. Thomas Jefferson, nicht nur Politiker und später Präsident, sondern auch künstlerisch gebildet, hatte für den Kongress-Bau einen römischen Tempel vor Augen, wohingegen das **U.S. Supreme Court Building** (1935) im Stil eines griechischen Tempels errichtet wurde. Baumeister war Cass Gilbert aus New York City, von dessen Reißbrett u.a. das berühmte Woolworth Building stammt. Massig und exquisit, was die Details angeht, fällt das **Old Post Office** (12th St./Pennsylvania Ave. NW) mit Aussichtsturm (www.nps.gov/opot) im Romanesque-Revival-Stil von 1899 ins Auge.

Da im Stadtzentrum von Washington Hochhäuser verboten sind, wuchs die Stadt in die Breite. Bereits 1894 waren nach dem Bau des zwölfstöckigen Cairo Apartment Building **Baugesetze** erlassen worden, die das Höhenwachstum begrenzten. 1910 wurde mit dem „Heights of Buildings Act" festgelegt, dass kein Gebäude höher sein dürfe, als die Straße davor breit ist, plus „20 feet" (6,10 m). Damit ist der 169 m hohe Obelisk des Washington Monument der höchste Bau auf Stadtgebiet, gefolgt von der Basilica of the National Shrine of the Immaculate Conception (400 Michigan Ave. NE) mit 100 m Höhe. Sie ist zugleich die größte katholische Kirche der USA. Zum Vergleich: Das Capitol misst 88 m. Mit 232 m ist dagegen der Radiosendemast Hughes Memorial Tower die höchste „Struktur" in der Stadt.

Malerische Reihenhäuschen im **viktorianischen Stil** aus der 2. Hälfte des 19. Jh. finden sich in Neighborhoods wie Georgetown, Capitol Hill, Adams Morgan oder im U Street Corridor. **Moderne Architektur** verkörpert u.a. die Metro mit ihren Stationen. Sie bilden das zweitgrößte U-Bahn-Netz in den USA nach New York City.

Geplant ab 1960 von dem Architekten Harry Weese (1915–1998), handelt es sich um ein Musterbeispiel für moderne Zweckarchitektur im 20. Jh. 1990 nahm als letzte Linie die Green Line den Betrieb auf. Eine Erweiterung der Silver Line zum Flughafen soll 2020 fertig werden.

Öffentliche Bauten wie das **John F. Kennedy Center** (1971, 2019) und Regierungs- und Verwaltungsbauten wie das **SEC Building** (Behörde für Wertpapierüberwachung, 100 F St. NE) sind Vertreter der Moderne. Der Dulles International Airport (Eero Saarinen), die Martin Luther King Jr. Memorial Library von Mies van der Rohe, das Pope Leighey House (Frank Lloyd Wright) oder das East Building der National Gallery of Art von I.M. Pei gelten sogar als **Klassiker der modernen Architektur**, die in kaum einem Handbuch fehlen. Ein vielbeachteter, wegweisender Bau ist das **Howard University Interdisciplinary Research Building (IRB)** von HDR Architecture aus dem Jahr 2016. Die mit Rillen versehene Terrakottaverkleidung an der Fassade und energieeffiziente Glaswände lassen den Kubus fast über dem Gehweg schweben.

Museumsbauten mit architektonischem Anspruch sind das Kreeger Museum von Philip Johnson, das Hirshhorn Museum (SOM-Gordon Bunshaft), das National Museum of the American Indian oder das National Museum of African American History and Culture.

Beispiele für **postmoderne Architektur** sind die St. Coletta School (Michael Graves), das Vietnam Veterans Memorial (Maya Lin) oder der Ronald Reagan National Airport North Terminal (Pelli Clark Pelli Architects).

Wegweisende, v.a. auf Umweltschutz, Energieeinsparung und Nachhaltigkeit ausgerichtete Projekte aus jüngster Zeit sind Capitol Crossing (s. S. 44) und CityCenterDC (s. S. 77), ein mehrteiliger Multifunktionskomplex im Stadtzentrum.

Öffentliche Kunstprojekte in der Hauptstadt unterliegen seit 1986 der DC Commission on the Arts and Humanities (http://dcarts.dc.gov). Unter dem Motto „DC Creates“ wandert 1 % des Stadtbudgets in öffentliche Kunstwerke, teils fest installiert, teils beweglich. Die größte Sammlung solcher Kunst beherbergt die Wilson Building Art Collection in Downtown DC (1350 Pennsylvania Ave., Mo.–Fr. 9–17.30 Uhr, Eintritt frei). Werke lokaler Künstler werden im Rahmen des Projekts angekauft bzw. in Auftrag gegeben.

Ein Teil des Programms ist **Murals DC**, bei dem seit 2007 überall in der Stadt Wandbilder entstehen. Murals DC wurde in erster Linie gegründet, um „wilde Schmierereien“ in der Stadt in geordnete Bahnen zu lenken. Zudem sollten Gebäude und Viertel bunter und lebendiger gestaltet werden und Graffiti als Kunstform in den Schulen Einzug halten. Inzwischen stellt die Stadt finanzielle Mittel und geeignete Wände zur Verfügung, sodass bekannte Graffiti-Künstler aktiv werden und Jugendliche unter Anleitung Wandmalerei lernen können. Ziel ist zudem, durch Wandbilder den speziellen Charakter, die Kultur und die Geschichte eines bestimmten Stadtviertels zu reflektieren. Zu den inzwischen über die Stadt hinaus berühmten Künstlern, die von diesem Programm profitiert haben, gehört Aniekan Udofia. Ursprünglich mit Porträts bekannt geworden, hat er mehrere überdimensionierte Wandbilder angefertigt, teils fotorealistisch wie ein Porträt von Duke Ellington, teils karikierend.

026wa-mb

› Infos: https://dcarts.dc.gov/page/muralsdc bzw. www.aniekanudofia.com
› Die Website **www.culturaltourismdc.org** informiert über die Kultur in der Stadt.

Literatur

Im Bereich der **Literatur** gibt es ebenfalls einige große Persönlichkeiten, die in D.C. geboren wurden oder dort lebten bzw. leben. Einer davon ist der ehemalige Sklave, Menschenrechtler und Schriftsteller **Frederick Douglass,** der 1845 sein Leben in „Narrative of the Life of Frederick Douglass, an American Slave" („Das Leben des Frederick Douglass als Sklave in Amerika von ihm selbst erzählt") festgehalten hat. 1818 in Maryland als Sklave geboren, lebte und starb Douglass (1895) in Washington.

Jean Toomer erblickte 1894 in Washington das Licht der Welt, lebte dann jedoch v.a. in New York City, wo der Dichter und Romanautor als Vertreter der Harlem Renaissance und mit seinem Werk „Cane" (1923) bekannt wurde.

Der weltweite literarische Durchbruch gelang dem 1977 in der Hauptstadt geborenen **Jonathan Safran Foer** 2009 mit seinem lesenswerten und aufrüttelnden „Eating Animals" („Tiere essen"). Sein Bruder **Franklin Foer** (*1975) hat sich in erster Linie als Journalist und ehemaliger Herausgeber der politischen Zeitschrift „New Republic" sowie mit einem lesenswerten Fußballbuch („How Soccer Explains the World", 2004) einen Namen gemacht.

Der griechisch-stämmige **George P. Pelecanos** (*1957) wurde vor allem durch Krimis (Nick-Stefanos-Trilogie und Washington-Noir-Serie) bekannt. 2006 erschien „The Night Gardener", 2009 sein bemerkenswerter Roman „The Way Home" („Kein Weg zurück"), dazu ist er Drehbuchautor für TV-Serien wie „The Wire" und Produzent.

Die Jugendschriftstellerin **Ann Brashares** (*1967) stammt aus Alexandria/Virginia und produziert seit 2003 weltweite Bestseller wie die „Eine für 4"-Serie.

Als Zentrum von Macht und Korruption ist Washington immer wieder Handlungsort von **Thrillern und Kriminalromanen,** z.B. von John Grisham, James Patterson, Lee Childs oder Robert Ludlum, aber auch von Sachbüchern und Biografien. Einen guten Überblick über die Szene gibt jedes Jahr Ende August/Anfang September das von der Library of Congress veranstaltete **National Book Festival** (www.loc.gov/bookfest).

Stadtökologie

Knapp ein Viertel der Hauptstadt wird von **Grünflächen** bedeckt, das sind über 30 km² der Fläche, und damit steht Washington bzgl. „Grün" auf Platz 2 unter allen US-Städten. Der Großteil davon, rund 70 %, wird vom National Park Service (NPS) verwaltet, dazu gehören u.a. die National Mall and Memorial Parks, Theodore Roosevelt Island oder der C&O Canal National Historical Park in Georgetown.

Der **Rock Creek Park** ist mit 7 km² der größte städtische Wald und wird vom gleichnamigen Fluss in zwei Teile geteilt, 1,8 km² Fläche nimmt das **U.S. National Arboretum** im Nordosten der Stadt ein.

Der Ballpark der Washington Nationals, der **Nationals Park**, erhielt bei Eröffnung 2008 „LEED Silver for New Construction" und war damit die erste Profisportarena in den USA, die diese Auszeichnung für besonders umweltfreundlichen und energieeffizienten Bau und Betrieb erhielt. Das **Walter E. Washington Convention Center** ist ein „grünes" Kongresszentrum mit Spezialglas zur Energieeinsparung, automatisch geregelter Beleuchtung, ausgeklügeltem Lüftungs- und Heizungssystem, mit Recycling-Programmen und Anschluss an den öffentlichen Nahverkehr.

Generell steigt in der Hauptstadt die Zahl LEED-zertifizierter, sprich „grüner", umweltfreundlicher Gebäude. Die Stadt hat inzwischen sogar den Status LEED for Cities Platinum verliehen bekommen (s. S. 102). Immerhin hat in D.C. die dafür zuständige staatliche Behörde USGBC ihren Stammsitz und geht mit gutem Beispiel voran (https://new.usgbc.org). Abgesehen von ihrem mit Platin-Plakette ausgezeichneten Gebäude sind z. B. die kanadische Botschaft, die National Academy of Sciences oder der Washington Canal Park LEED-zertifiziert.

Besonders das **öffentliche Nahverkehrssystem** ist in Washington hervorragend ausgebaut: mit Metrorail, einem U-/S-Bahn-System, das mit 91 Stationen und sechs Linien die Hauptstadt, Virginia und Maryland verbindet und als am meisten frequentiertes nach New York City gilt, mit zahlreichen Buslinien – darunter dem DC Circulator (5 Buslinien innerhalb von Downtown) – und mit einer Straßenbahn. Mag auch das Tarifsystem (s. S. 129) kompliziert sein, ist unumstritten, dass man in Washington mit dem öffentlichen Nahverkehr gut überall hinkommt und auf ein Auto verzichten kann.

Capital Bikeshare (www.capitalbikeshare.com), ein Fahrradverleihsystem, trägt ebenfalls zum Schutz der Umwelt bei und **Carsharing** ist absolut angesagt.

Ein laufendes Projekt betrifft den **Anacostia River.** Abgesehen von einer Revitalisierung der Flussufer ist rund um das RFK Stadium am Westufer bereits der Anacostia Riverwalk Trail entstanden, am Ostufer der River Terrace Trail. Weitere Maßnahmen sind geplant bzw. in Bau, allen voran der **11th Street Bridge Park,** ein erhöhter Park auf den Piers der alten 11th Street Bridge über den Anacostia River mit Amphitheater, Picknickarealen, Wasserfällen und öffentlicher Kunst (bis 2020). Erneuert werden soll auch die **Frederick Douglass Memorial Bridge** (bis 2021), dazu sind öffentliche Plätze und Rad- sowie Laufwege vorgesehen.

Die staatliche Einrichtung **Natural Resources and Science** (NRS, www.nps.gov/orgs/1027/nr.htm) widmet sich landesweit Fragen der Stadtökologie. Dabei geht es um natürliche Ressourcen, um Landschaft und Klima, Flora und Fauna, Wasserqualität und Flussläufe, Verkehr und Luftverschmutzung.

Barack Obama, verewigt an der Wand von Ben's Chili Bowl (s. S. 69)

Die Hauptstadt wird zum ökologischen Vorbild

Umweltschutz, Nachhaltigkeit, Klimaveränderung und Artenvielfalt sind in aller Munde. In den Köpfen vieler spielen die USA dabei alles andere als eine Vorreiterrolle. Sieht man jedoch genauer hin, stellt man rasch fest, dass vom „Land der unbegrenzten Möglichkeiten“ viele neue Impulse ausgehen. Einer ist die Zertifizierung nachhaltiger und umweltfreundlicher Bauten durch das **LEED-System.** LEED steht für „Leadership in Energy and Environmental Design“ und längst werden nicht nur einzelne Gebäude mit verschiedenen Auszeichnungen (Certified/Silver/Gold/Platinum) bewertet, sondern auch Stadtviertel und größere Projekte, sogar ganze Städte, die sich durch ökologisches Bauen hervortun.

Washington D.C. erhielt 2017 als erste Metropole der Welt die Ehrung **„LEED for Cities Platinum“.** Mittlerweile sind weitere Städte wie Phoenix, San Diego, Chicago, Savona (Italien), Surat (Indien) und Songodo, eine Planstadt in der Metropole Incheon in Südkorea, dazu gekommen. Für die Auszeichnung spielen nicht nur Städteplanung, -entwicklung und Lebensqualität eine Rolle, sondern auch eine nachhaltige Wasserwirtschaft und eine vorbildliche Energiebilanz sowie Abfallwirtschaft.

Bürgermeisterin Muriel Bowser gibt die Auszeichnung Rückenwind: „Als US-Hauptstadt haben wir eine ganz besondere Verpflichtung und müssen auch in Sachen Umweltschutz eine führende Rolle einnehmen ... Unsere Verantwortung hierfür darf nicht nachlassen und wir werden uns weiter um ein grünes und nachhaltiges D.C. bemühen.“

Man hat in Washington ein **ideales Umfeld für Nachhaltigkeit und Umweltschutz** geschaffen. Emissionen sollen gesenkt und nachhaltige Energieprojekte unterstützt werden. Zudem legt man in den einzelnen Vierteln Wert auf **Wohnqualität und Begrünung.** Dazu wurde der **„Smarter DC Plan“** entwickelt, der sich am Übereinkommen von Paris orientiert.

D.C. hat eine Führungsrolle übernommen und Initiativen für Klima- und Umweltschutz sowie Nachhaltigkeit in die Wege geleitet, darunter **„Climate Ready DC“.** Unter diesem Label entsteht gerade eines der größten alternativen Energieprojekte in einer US-Stadt. Es soll sich auf Sonnen- und Windenergie stützen, die bis 2032 die Hälfte der Gesamtenergie liefern sollen. Nachhaltigkeit wird groß geschrieben und bereits jetzt findet fast 60 % des Pendlerverkehrs ohne Auto statt.

Einladend: das Areal um die Yards Park Bridge an der Capitol Riverfront

114wa-Washington.org

PRAKTISCHE REISETIPPS

005wa-mb

057wa-mb

An- und Rückreise

Flugverbindungen

Es gibt Nonstop-Verbindungen aus dem deutschsprachigen Raum zum **Washington Dulles International Airport (IAD)**, z. B. von Lufthansa und United Airlines täglich ab Frankfurt und München. Von der Schweiz aus bietet United Airlines ebenfalls Direktflüge an, von Wien fliegt neben United auch Austrian Airlines. Wählt man europäische Fluggesellschaften wie KLM, Iberia, Air France, Alitalia oder Iceland Air ist einmaliges Umsteigen nötig. Mehrmals wöchentlich im Sommer fliegt Condor (www.condor.com/de/fluege/usa/baltimore-washington) von verschiedenen Orten zum **Baltimore-Washington International Airport (BWI)**.

Die reine **Flugzeit** nach Washington D.C. beträgt je nach Startflughafen 8 bis 10 Stunden, bei 6 Stunden Zeitverschiebung (nach hinten), die **Preise** bewegen sich zwischen rund 600 € (Nebensaison, Sonderangebote) und 1000 €. Am teuersten ist es in den Sommermonaten und um Feiertage.

Vorseite: Die U-Bahn ist das Hauptverkehrsmittel im Stadtzentrum

Ankunft in D.C.

Der **Washington Dulles International Airport – IAD** (www.flydulles.com/iad/dulles-international-airport) ist ein Hauptknotenpunkt von United Airlines und liegt rund 45 km im Nordwesten der Hauptstadt im Bundesstaat Virginia. Hier landen und starten alle internationalen Flüge sowie die meisten Inlandsflüge. Auf dem **Ronald Reagan Washington National Airport – DCA** (www.flyreagan.com/dca/reagan-national-airport) werden nur Inlandsflüge abgewickelt. Er liegt günstig nur rund 7 km südlich Downtown (ebenfalls in Virginia) und ist direkt per Metro angeschlossen. Der **Baltimore-Washington International Thurgood Marshall Airport – BWI** befindet sich etwa 50 km nordöstlich von Washington D.C. im Bundesstaat Maryland nahe Baltimore und wird v. a. von Southwest Airlines, aber auch von einigen internationalen Gesellschaften (wie Condor) angeflogen.

› **Infos:** www.metwashairports.com (IAD/DCA) bzw. www.bwiairport.com (BWI)

Vom Flughafen in die Stadt

Den **Washington Dulles International Airport** soll ab 2020 eine Metrolinie mit der Stadt verbinden. Bis dato wurde der erste Abschnitt der Silver Line bis zur Metrostation **„Whiele-Reston East“** in Betrieb genommen (www.wmata.com), ab 2020 soll dann der Anschluss des Flughafens an das Nahverkehrsnetz voll gewährleistet sein. Bis zur Fertigstellung ist man derzeit auf einen Shuttlebus von bzw. zu der genannten Metro-Station angewiesen: **Silver-Line-Express-Busse** (www.flydulles.com/iad/silver-line-express-bus-metrorail-station) pendeln regelmäßig zwischen Airport und „Whiele-Reston East“. Von dort geht es mit der **Silver Line** schnell in die Stadt ($ 5 für den Bus plus Metro-Ticket, s. S. 129).

Eine weitere preiswerte Möglichkeit bietet die **Metrobus-Expresslinie 5A,** die den Flughafen mit der zentralen L'Enfant Plaza (Metro-Station, $ 7,50) verbindet. Außerdem stehen am Flughafen die blauen **Kleinbusse** *(door-to-door)* von SuperShuttle und anderen Firmen zur Verfügung (ca. $ 33). Am teuersten ist ein **Taxi:** Die Fahrt kostet derzeit etwa $ 65.

Mit einem **Mietwagen** – Shuttlebusse fahren vom Terminal zum **Rental Car Center** am Langzeitparkplatz – geht es auf der Dulles Airport Access Road, die in die VA-267 East mündet, auf den I-66 E, der über die Roosevelt Memorial Bridge (Hwy. 50), nahe dem Lincoln Memorial, in die Stadt hineinführt.

› Infos: www.flydulles.com/iad/other-public-transportation-options

Der nationale **Ronald Reagan Washington National Airport** ist ebenfalls per Washington Flyer Coach und SuperShuttle angeschlossen. Hier bietet die Metro (Blue/Yellow Line) eine direkte Verbindung mit der Stadt.

› Infos: www.flyreagan.com/dca/parking-transportation

Der **Baltimore-Washington International Thurgood Marshall Airport** ist an die Bahnlinie Washington–Baltimore–Philadelphia–New York angeschlossen (S-Bahn und Amtrak). Zur BWI Rail Station fährt vom Flughafen ein kostenloser Pendelbus, von dort nimmt man einen Zug zur Union Station 32 in Washington. Der Gesamtpreis beginnt, je nach gewähltem Zug, ab ca. $ 15 (einfache Fahrt).

› Infos: www.bwiairport.com/en/travel/ground-transportation

Hauptknotenpunkt von United Airlines: der Washington Dulles International Airport

Eisenbahn und Überlandbusse

Amtrak verbindet Washington mit allen großen Städten an der Ostküste (Acela- und Metroliner-Service in Richtung Baltimore, Philadelphia, New York und Boston) und Chicago, Atlanta sowie New Orleans. Der sehenswerte Bahnhof, die **Union Station** 32, liegt günstig in Nähe des Capitol (Metrostation „Union Station").

› **Infos zu Amtrak:** www.amtrak.com

Verschiedene **Busgesellschaften** wie BoltBus oder Megabus verbinden die Ostküstenstädte (New York, Baltimore, Philadelphia, Washington) preiswert miteinander. Sie sind beliebte Alternativen zu Greyhound geworden. Frühbucher erhalten billigere Tickets. Standards, Fahrzeuge, Bahnhöfe und Stopps, Fahrtdauer und Frequenz, Bequemlichkeit, Preise und Komfort sind unterschiedlich und ein Check der einzelnen Firmen und Preise lohnt.

› **Infos:** www.boltbus.com, http://us.megabus.com, www.greyhound.com

Autofahren

Autofahren in Washington ist kein Vergnügen. Da das Straßennetz dem historischen Plan mit seinem Gitterraster folgt, ist das Zurechtfinden weniger ein Problem als der Verkehrsfluss und das Parken. Ständige **Staus** auf Einfallstraßen und im Stadtzentrum, **Einbahnstraßen**, akuter **Parkplatzmangel** und **hohe Benzinpreise** und **Parkgebühren** sind gute Gründe, in der Stadt besser **auf ein Auto zu verzichten.** Zudem ist das öffentliche Nahverkehrssystem (Metrorail, Metrobus und DC Circulator) gut ausgebaut. Es empfiehlt sich, bei einer geplanten Rundreise den Mietwagen erst vor Abreise in einem Stadtbüro abzuholen bzw. gleich nach Ankunft in der Stadt wieder abzugeben.

Um die Stadt führt in weitem Bogen die Autobahn I-495, auch bekannt als **Capital Beltway.** Alles was innerhalb liegt, auch die Teile der den District umgebenden Bundesstaaten Maryland und Virginia, wird als „Inside the Beltway" bezeichnet. Vom Stadtzentrum aus führen alle Ausfallstraßen auf diesen Beltway bzw. kreuzen ihn.

Parken

In D.C. liegen die **Parkgebühren** in Parkhäusern – die meisten befinden sich nördlich des White House 1 und um die Union Station 32 – bei bis zu $ 20 pro Stunde (plus 18 % *tax*), in Hotels werden sogar bis zu $ 60 pro Nacht verlangt. Es gibt zwar angeblich über 17.000 Parkplätze an den Straßen, wo das Parken je nach Lage $ 1 bis $ 2 pro Stunde kostet (Einschränkungen häufig 7–9.30 und 16–18.30 Uhr), aber diese zu ergattern, ist schwierig. Preiswerter sind die Parkplätze außerhalb des Stadtgebiets wie z. B. in Arlington/VA und an den Metro-Stationen in den Außenbezirken, doch dann ist man ebenfalls auf den öffentlichen Nahverkehr angewiesen. Informationen zu Parkhäusern und -plätzen bietet:

› http://washingtondc.bestparking.com, https://washington.org/dc-faqs-for-visitors/where-can-i-park-in-washington-dc

Falschparken kommt teuer und Parkuhren werden ständig kontrolliert. Es darf nie in der Nähe von Hydranten oder in „Tow Away"- bzw. „No Parking"-Zonen geparkt werden. Auf den Straßen stehen entweder *meters* (**Parkuhren**) oder es gibt **farbige Randsteinmarkierungen:** Rot (Halteverbot), Gelb/Gelb-Schwarz (Lieferzone, bei Gelb ist Parken nach 18 Uhr erlaubt), Blau (Behindertenparkplätze), Grün (10 Min. Parken), Weiß (Ein-/Aussteigen oder Beladen erlaubt). Wer einen Strafzettel erhalten hat, kann ihn online bezahlen: https://dmv.dc.gov/service/pay-tickets.

Karten

Mit dem Ausweis eines deutschen oder österreichischen Automobilklubs erhält man kostenlos Karten und Tourbooks bei **AAA**, dem amerikanischen Automobilklub, ansonsten kann man sie dort auch kaufen. Bei Vorlage der ADAC-Karte erhält man manchmal auch in Motels/Hotels Sonderraten und Hilfe bei Autopannen.

ℹ171 [E5] **AAA Washington D.C.**, 1405 G St NW, Mo.–Fr. 9.30–17.30 Uhr, www.aaa.com

Barrierefreies Reisen

Die USA sind ein **gutes Reiseziel für Menschen mit einer Behinderung** *(handicapped people)*. Gehwegabsenkungen, Behindertenparkplätze, Fahrstühle, behindertengerechte Hotelzimmer und Barrierefreiheit von Nahverkehrsmitteln sowie behindertengerechte Zugänge zu Museen und anderen Sehenswürdigkeiten sind in Washington fast überall vorhanden. Die **Tourismusbehörde** hat Informationen, besonders auch zu Sehenswürdigkeiten und deren Zugänglichkeit, zusammengefasst:

› http://washington.org/DC-information/washington-dc-disability-information

Die **Metro** gilt als eines der am besten zugänglichen Transportsysteme weltweit. Auf der Website des Unternehmens gibt es Informationen auch zum Herunterladen:

› www.wmata.com/service/accessibility

Auch auf der Website www.tripsavvy.com/disabled-and-handicap-access-in-washington-dc-1038800 gibt es Tipps zum Reisen mit Handicap und schließlich informiert SATH, die **Society for Accessible Travel & Hospitality** allgemein über die Situation in den USA:

› http://sath.org/travel-tips-and-access-information, Tel. 212 4477284

Diplomatische Vertretungen

Die ausländischen Botschaften und Konsulate im Heimatland sind in erster Linie für die Erteilung von Visa zuständig. Es gibt amerikanische Botschaften in Berlin, Wien und Bern sowie Generalkonsulate in Frankfurt, München, Hamburg, Leipzig und Düsseldorf. Infos und Adressen finden sich unter:

› https://de.usembassy.gov/de („Botschaft und Konsulate")

In Washington helfen im Notfall die folgenden Botschaften weiter:

- •172 [af] **Embassy of Austria,** 3524 International Court NW, Tel. 202 8956700, www.austria.org
- •173 [ag] **Embassy of Switzerland,** 2900 Cathedral Ave. NW, Tel. 202 7457900, www.eda.admin.ch/washington
- •174 [ag] **Embassy of the Federal Republic of Germany,** 4645 Reservoir Rd. NW, Tel. 202 2984000, www.germany.info

Ein- und Ausreise-bestimmungen

Dokumente und Formulare

Dank des **Visa Waiver Program** (VWP) ist ein Visum für Staatsbürger von Deutschland, Österreich und der Schweiz bei einem Aufenthalt von max. 90 Tagen und Vorlage eines Rückflugtickets nicht nötig. Besucher müssen im Besitz eines maschinenlesbaren Reisepasses sein, der mindestens noch die gesamte Aufenthaltsdauer gültig ist.

Auch **Kinder** benötigen einen eigenen Pass. Reisen Kinder nur mit einem Elternteil, kann sowohl bei der Ausreise aus Deutschland als auch bei der Einreise in die USA eine **Einverständniserklärung des anderen Elternteils** erforderlich sein. Infos erhält man beim zuständigen Konsulat bzw. der Botschaft.

Alle Bürger, auch Kinder, die ohne Visum einreisen, müssen sich spätestens 72 Stunden vor Abflug **online registrieren** lassen (Electronic System for Travel Authorization – **ESTA**). Dieser Registrierungsvorgang kostet einmalig den Gegenwert von $14 und erlaubt innerhalb von zwei Jahren eine mehrfache Einreise, sofern der Pass gültig ist. Die Registrierung erfolgt gleich bei der Flugbuchung oder im Internet unter:

› https://de.usembassy.gov/de/visa/esta (deutsche Erläuterungen und Link zum Antrag)

Außerdem benötigen die Fluggesellschaften im Rahmen von **Secure Flight** 72 Stunden vor Abflug alle maßgeblichen Passagierdaten zur Weiterleitung an die TSA (Transportation Security Administration): voller Name laut Reisepass, Geburtsdatum und Geschlecht. Normalerweise werden diese Angaben ebenfalls bereits bei Flugbuchung gemacht. Die erste Adresse in den USA inklusive Postleitzahl(!) wird außerdem beim Check-in erfragt.

› **Infos:** www.tsa.gov/travel

Wer länger als 90 Tage im Land bleibt – zum Beispiel zum Studieren oder Arbeiten – oder Staatsbürger eines Landes ist, das nicht am VWP teilnimmt, muss sich ein **Visum** beschaffen.

Ebenfalls nicht mehr visumsfrei einreisen dürfen Reisende, die sich nach dem 1.3.2011 im Iran, Irak, Jemen oder Sudan, in Syrien, Libyen oder Somalia aufgehalten haben.

› **Infos:** https://de.usembassy.gov/de/visa

Einreise

Am ersten Flughafen in den USA wird der Pass gescannt und es werden ggf. Fragen zu Reiseroute, Zweck der Reise, Reisebudget, Beruf oder Freunden in den USA gestellt. Es werden tintenlose Fingerabdrücke genommen und ein Foto gemacht, ehe es den Stempel mit einer erlaubten Aufenthaltsdauer von normalerweise drei Monaten gibt.

An immer mehr Flughäfen, auch im IAD, gibt es **Automated Passport Control** (APC). Besucher mit ESTA-Registrierung, die schon einmal mit ESTA und dem entsprechenden Reisepass eingereist sind, können diese Geräte benutzen und beschleunigen damit die Prozedur (Infos: www.cbp.gov/travel/us-citizens/apc).

Das Gepäck muss am ersten Flughafen abgeholt und (bei Weiterflug) wieder eingecheckt werden.

Zoll

Im Flugzeug werden weiße Zollerklärungen *(customs forms)* verteilt, eine pro Familie, auf denen anzugeben ist, ob und welche Waren mitgeführt werden. Wer an ESTA teilgenommen hat und an einem Flughafen mit Automated Passport Control einreist, muss kein Formular ausfüllen.

Eine Devisenbeschränkung existiert nicht, lediglich Summen über $10.000 müssen deklariert werden. Details zu den **Einfuhrbestimmungen** sind bei den Zollämtern bzw. auf deren Websites zu erfahren:

- **Deutschland:** www.zoll.de
- **Österreich:** www.bmf.gv.at/zoll
- **Schweiz:** www.ezv.admin.ch

Die Einfuhr tierischer und pflanzlicher Frischprodukte und Lebensmittel (auch Reiseproviant!) sowie von Samen und Pflanzen in die USA ist **verboten,** außerdem die von Klappmessern u.a. gefährlichen Objekten. Bei Medikamenten in größeren Mengen empfiehlt es sich, ein ärztliches Attest mitzuführen. Details zur **zollfreien Einfuhr in die USA** gibt es unter:

- www.cbp.gov/travel/international-visitors

Bei der Einreise nach **Europa** gibt es ebenfalls Mengenbeschränkungen:

- **Tabakwaren** (über 17-Jährige in EU-Länder und die Schweiz): 200 Zigaretten oder 100 Zigarillos oder 50 Zigarren oder 250 g Tabak
- **Alkohol** (über 17-Jährige in EU-Länder): 1 l über 22 Vol.-% oder 2 l bis 22 Vol.-% und zusätzlich 4 l nicht-schäumende Weine; in die Schweiz: 2 l (bis 15 Vol.-%) und 1 l (über 15 Vol.-%)
- **Andere Waren** für den persönlichen Gebrauch (über 15-Jährige): bis zum Wert von 430 €. **In die Schweiz** dürfen andere Waren bis CHF 300 eingeführt werden.

Elektrizität

In den USA gibt es Wechselstrom von **110/120 V,** daher müssen mitgebrachte Geräte wie Föhn oder Rasierapparat umstellbar sein. Wegen der anderen Steckdosenform ist außerdem ein **Adapter** nötig, den man am besten von zu Hause mitbringt bzw. in einem Flughafenshop oder Elektronikgeschäft vor Ort kauft.

Geldfragen

Kreditkarten

An **Kreditkarten** *(credit card)* sind Mastercard und Visa die gebräuchlichsten. Selbst Kleinstbeträge werden damit bezahlt und eine Kreditkarte ist nötig, um Kaution (z.B. für den Mietwagen) zu stellen bzw. eine Hotelbuchung zu garantieren. Für das bargeldlose Zahlen (mit PIN) werden ca. 1 bis 2 % des Betrags für den Auslandseinsatz berechnet. Bargeld am Automaten *(ATM/Automatic Teller Machine)* zu ziehen, kostet je nach Fremdbank eine unterschiedlich hohe Gebühr von ca. $ 2 bis 5, die vor Abschluss der Transaktion angezeigt wird.

Debitkarten (auch **Girocard** genannt) sind für den Einsatz im außereuropäischen Ausland manchmal gesperrt und oft ist der Verfügungsrahmen eingeschränkt.

Wechselkurse
(Stand: Juni 2019)

$ 1	0,90 €/1 SFr
1 €	$ 1,12
1 SFr	$ 1

Während **Maestro-Karten** mit PIN-Nummer weltweit auch zur Bezahlung an Kassen genutzt werden können, sind die von vielen deutschen Banken ausgegebenen **VPAY-Karten** an Bankautomaten und Kartenlesegeräten in den USA nicht einsetzbar, da die Automaten die Chips nicht lesen können.

Beim Abheben von Bargeld wird manchmal die Abrechnung in Euro angeboten (**Dynamic Currency Conversion**). Meist wird dabei ein ungünstiger Wechselkurs zugrundegelegt und eine Abbuchung in Dollar ist vorzuziehen, da dann der offizielle Devisenkurs gilt.

Washington preiswert

Besucherpässe wie in anderen Städten – z. B. den CityPass – gibt es für D.C. nicht, denn die Mehrzahl der **Museen** (Smithsonian Institution, s. S. 26) und auch Attraktionen wie die Memorials, das Capitol, die Library of Congress oder das Holocaust Museum sind kostenlos.

Für den **öffentlichen Nahverkehr** lohnen Tagespässe oder die SmarTrip Card (s. S. 129), eine wiederaufladbare Plastikkarte, die günstiges Herumkommen in der Stadt mit Metro, Bussen und „Circulator" ermöglicht.

Etliche **Veranstaltungen** sind kostenlos (s. S. 75), z. B. gibt es auf der Millennium Stage im Kennedy Center jeden Abend Gratis-Aufführungen (www.kennedy-center.org/video/upcoming) und im Sommer treten an verschiedenen Orten Livebands auf. Eine Liste mit kostenlos oder günstig zugänglichen Veranstaltungen findet sich unter http://freeindc.blogspot.com.

Bargeld

Bargeld ist nur in wenigen Fällen nötig, etwa an Automaten (v. a. Quarter-Münzen). Selbst in Supermärkten und an Zapfsäulen kann mit Kreditkarte bezahlt werden. Es ist prinzipiell kein Problem, in einer Bank oder (schneller) in einer Filiale von American Express, Change Group oder Travelex Bargeld umzutauschen, allerdings ist der Kurs oft ungünstig und es fallen Gebühren an.

Die amerikanische **Währungseinheit** ist der US-Dollar: $ 1 (one „buck") besteht aus 100 Cent.

- Münzen: Penny (1 c), Nickel (5 c), Dime (10 c), Quarter (25 c)
- Banknoten gibt es im Wert von $ 1, 5, 10, 20, 50, 100, 500 und 1000

Preise und Kosten

In der US-Hauptstadt stellen die **Hotelkosten** neben dem Flug die größte Ausgabe dar. Im Schnitt muss man mit einem Preis von mind. $ 150 bis 200 für ein Doppelzimmer in einem ordentlichen Mittelklassehotel in guter Lage rechnen, Tophotels verlangen mehr.

Was die **Verpflegung** angeht, gibt es Alternativen zu den preislich ebenfalls eher gehobenen Toprestaurants, die Washington zu bieten hat: z. B. Imbisslokale, Foodtrucks oder Märkte. Ein Abendessen in einem Lokal kostet ohne Alkohol im Schnitt $ 25 bis 40, für ein Glas Wein ist mit mind. $ 7 zu rechnen, für ein Bier ab $ 5 (außer bei Happy Hour).

Dafür kann man als Besucher bei den **Eintrittspreisen** einsparen, denn die meisten Attraktionen und die zur Smithsonian Institution gehörigen Museen sind für Besucher kostenlos zugänglich.

Informationsquellen

Informationen zu Hause

- **Capital Region U.S.A.,** c/o Claasen Communication, Hindenburgstr. 2, 64655 Alsbach, Tel. (06257) 68781 bzw. 00800 96534264, www.capitalregionusa.de, www.facebook.com/CapitalRegionUSADeutschland

Besucherinfo in der Stadt

- **Destination DC,** Tel. 1 800 4228644 oder 202 7897000, https://washington.org. Organisation, die für Marketing und Promotion von D.C. zuständig ist.

ℹ175 **Alexandria Visitor Center at Ramsay House,** 221 King St., Tel. 703 8385005, www.visitalexandriava.com, tgl. 9–17 Uhr. Auskünfte, Broschüren, Stadtplan und Hilfe bei der Hotelsuche.

ℹ176 [F5] **Washington Welcome Center,** 1005 E St. NW, Tel. 202 3476609, www.downtowndc.org/go/washington-welcome-center, tgl. außer So. 8–17 Uhr. Infostelle von „Downtown DC“ mit Broschüren, Auskünften und Souvenirs aller Art.

❷ [E5] **White House Visitor Center.** Informationen, v. a. aber interaktives Museum zu den Präsidenten und ihren Familien, virtuelle Tour durchs White House und Film „White House: Reflections from Within“.

⓮ [F6] **Smithsonian Institution Building – The Castle,** www.si.edu, Broschüren, Café, Gratis-WLAN und Stadtmodell.

Die Stadt in Internet und Print

- **https://washington.org** – D.C.s offizielle Tourismuswebsite, der informative Webauftritt von Destination DC
- **http://dc.gov/page/visitors-resource-center** – Besucherinfos auf der Website der Stadtverwaltung mit hilfreichen Links

103wa-mb

- **www.culturaltourismdc.org** – Website der DC Heritage Tourism Coalition, die v. a. wegen Events aus dem Kulturbereich lohnt. Auch Sehenswürdigkeiten und Neighborhoods werden beschrieben.
- **www.georgetowndc.com** – alles, was man über Georgetown wissen muss: Events, Läden, Hotels u. a. praktische Informationen
- **www.visitalexandriava.com** – Website der unabhängigen Stadt Alexandria/Virginia mit vielerlei Infos für Besucher
- **www.downtowndc.org** – Internetauftritt des Downtown D.C. Business Improvement District, der das Areal zwischen White House und Capitol umfasst. Events, Shops, Restaurants u. a. Infos.
- **https://godcgo.com** – alles was man über den (Nah-)Verkehr in D.C. wissen muss, von Busplänen bis Baustellen
- **https://dcist.com** – Blog mit viel Lesestoff zur Stadt
- **www.wheretraveler.com/washington-dc** – erscheint als **WHERE Washington** monatlich auch in Print und liegt gratis (z. B. in Hotels) aus. Mit aktuellem Teil zu Events etc., außerdem „Where Guide“

zu Entertainment, Nightlife, Kunst und Antiquitäten, Shops und Services sowie Restaurants.

- **www.citysearch.com/guide/washingtondc--metro** – Infos zu Restaurants, Bars und Klubs, Hotels, Shopping, Kinos und Veranstaltungen etc., geordnet nach Kategorien, z. B. Art der Küche, Ambiente, Aussicht, Freiplätze usw.
- **https://dc.eater.com** – die Quelle für Restaurants aller Art in der Hauptstadt
- **www.washingtonian.com** – Monatsmagazin mit informativer Website, mehr für Locals, doch interessante Rubriken wie „Food & Drink"
- **www.washingtonpost.com** – „The Post", 1877 gegründet, gilt als die älteste und meistgelesene Tageszeitung in Washington. Das Blatt wurde durch die Aufdeckung des Watergate-Skandals bekannt und gehört heute Amazon-Boss Jeff Bezos. Zugehörig sind „Express" und „El Tiempo Latino".
- **www.washingtoncitypaper.com** – die alternative Washington City Paper erscheint wöchentlich auch in einer Printversion und bietet außer News und Blogs auch Infos zu Essen und Trinken, Entertainment und Events.
- **www.metroweekly.com** – LGBT-Magazin mit viel Lesestoff, dazu Infos zu Kunst und Entertainment. Auch als wöchentliche Printversion.

Washington-Apps

- **DC Metro and Bus** – Abfahrtzeiten von Zügen in Metrostationen, Karten und Hinweise zur nächsten Haltestelle, günstigste Verbindungen und dergleichen (kostenlos für iOS und Android).
- **Smithsonian Mobile** – mit vielerlei Hinweisen zu Smithsonian-Museen, den nächsten Metro-Stops, Lokalen und Läden, Öffnungszeiten und Wechselausstellungen (kostenlos für iOS und Android).
- **Zomato Washington:** Wie finde ich das beste Essen und die tollsten Restaurants in der Hauptstadt (kostenlos für iOS und Android).

Zeitungen aus aller Welt können vor dem Newseum (33) gelesen werden

115wa-mb

Unsere Literaturtipps

- **Baldacci, David:** Autor, dessen Romane und Drehbücher vielfach in D.C. spielen oder die Politik zum Thema haben, u. a. „Absolute Power" („Der Präsident", 1996) oder „The Fix" (2017)
- **Bradlee, Ben:** „A Good Life: Newspapering and Other Adventures" (1996). Der ehemalige Chefredakteur der Washington Post erinnert an Watergate und andere wichtige Ereignisse, die das moderne D.C. geprägt haben.
- **Brown, Rita Mae:** „Dolley: A Novel of Dolley Madison in Love and War" (1994; dt. „Dolley: Das Leben einer First Lady", 1996). Fesselnde Schilderung des Lebens der exzentrischen Ehefrau des vierten US-Präsidenten James Madison in der Frühzeit der Hauptstadt Washington, die während des „War of 1812" von englischen Truppen in Brand gesetzt wurde.
- **Clancy, Tom:** Der Autor schildert in seinen Thrillern die Arbeit der Geheimdienste und des Militärs, u. a. „Jagd auf Roter Oktober" (1984).
- **Douglass, Frederick:** „Mein Leben als Sklave" (2006). Der entlaufene Sklave machte später als Politiker und Autor von sich Reden und schildert hier sein Leben.
- **Foer, Franklin** und **Foer, Jonathan Safran:** Die beiden berühmten Brüder sind in D.C. aufgewachsen, ihre Werke beschäftigen sich jedoch nicht mit der Hauptstadt. Dennoch sind „How Soccer Explains the World" (2004; dt. „Wie man mit Fußball die Welt erklärt", 2006) von F. Foer und „Eating Animals" (2009; dt. „Tiere essen", 2010) von J.S. Foer lesenswert.
- **Goodwin, Doris Kearns:** Team of Rivals: The Political Genius of Abraham Lincoln" (2005). Grandioses Buch, das die politischen Schachzüge und die Persönlichkeit Lincolns eindrucksvoll schildert; von Steven Spielberg 2012 unter dem Titel „Lincoln" verfilmt.
- **Jones, Edward P.:** „Lost in the City" (1992; dt. „Im Labyrinth der Stadt. Erzählungen", 2008). Lesenswerte Sammlung von Kurzgeschichten über die afroamerikanische Arbeiterklasse der Hauptstadt, die in weniger bekannten Stadtvierteln leben und überleben.
- **Leibovich, Mark:** „This Town: Two Parties and a Funeral – Plus, Plenty of Valet Parking! In America's Gilded Capital" (2013; deutsch: „Politzirkus Washington. Wer regiert eigentlich die Welt?", 2014). Einer der besten US-Journalisten gibt einen faszinierenden Einblick hinter die Fassaden der politischen Eliten der Hauptstadt – ein tiefgründiges und amüsantes Buch!
- **Mengestu, Dinaw:** „The Beautiful Things That Heaven Bears" (2007). Der aus Äthiopien zugewanderte Autor schildert das Leben der Immigranten am Logan Circle und die Gentrifizierung des Viertels.
- **Minta, Anna:** „Staatsbauten und Sakralarchitektur in Washington/DC", Reimer Verlag, Berlin, 2015. Großartiges Buch zur Selbstinszenierung der USA am Beispiel der Architektur in der Hauptstadt von 1776 bis ins 20. Jh.
- **Pelecanos, George:** Die Romane und Krimis des griechischstämmigen Autors spielen in der Hauptstadt, u. a. „The Big Blowdown" („Das große Umlegen", 1996), „What it Was" (2012) oder „The Cut" („Ein schmutziges Geschäft", 2011/12).
- **Vidal, Gore:** „Palimpsest: A Memoir" (1996; dt. „Palimpsest. Memoiren", 1998). Humorvoll-ironische Erinnerungen des bekannten Autors, in denen viele Größen der Hauptstadt eine Rolle spielen.

- **Circulator,** www.dccirculator.com/bus-basics/how-to-ride. Smartphone-optimierte Websites mit Infos zu Ankunftszeiten und Routen der Circulator-Busse.
- **NPS National Mall,** offizielle App zur Mall und den dortigen Memorials mit 70 Sights (kostenlos für iOS und Android).

Internet

Die Hauptstadt ist gut ausgestattet mit WLAN-Hotspots und Gratis-Internet ist im Allgemeinen leicht zu finden. Beispielsweise ist das ganze Areal an der **National Mall,** zwischen 3rd und 14th St., d.h. zwischen Capitol und Washington Monument, mit „free WiFi" ausgestattet. Auch in den hier befindlichen (und vielen anderen) **Museen** ist der Internetzugang kostenlos möglich.

Die meisten **Cafés** (v.a. die zahlreich vertretenen Filialen von Starbucks oder Così), viele **Lokale,** öffentliche **Bibliotheken** – wie die Martin L. King Jr. Memorial Public Library (901 G St. NW) – und **Buchläden,** z.B. Kramerbooks & Afterwords Café (s.S. 79, auch Gästecomputer), gewähren freien WLAN-Zugang. In **Hotels** ist Internetnutzung entweder gratis oder gegen Gebühr möglich. Kurioserweise erheben die großen Business- und Kettenhotels eher Gebühren als kleine unabhängige und/oder preiswerte Hotels.

Eine **aktuelle Karte** mit Orten, die Gratis-WLAN in D.C. anbieten, findet sich unter:

- https://dc.gov/service/public-wifi

LGBT+

Washington gilt als sehr tolerant und hat eine **lebhafte LGBT Community** („LGBT" für *lesbian, gay, bisexual, transgender*). Zentrum des schwul-lesbischen Lebens ist schon seit den 1970er-Jahren das Areal um den **Dupont Circle.** Hier fand das erste **Gay Pride Fest** statt (heute „Capital Pride", s.S. 84) und hier gibt es alteingesessene Lokale, Bars und Klubs.

Die Region um **U Street** und **Logan Circle** ist nicht nur die Geburtsstätte von Duke Ellington, des Jazz und des „schwarzen" Nightlife, sondern ebenfalls ein beliebter Treff. Gleichermaßen ist die **8th St. SE** (Barracks Row) gut ausgestattet mit Einrichtungen aller Art.

Abgesehen von Capital Pride ist **„Reel Affirmations"**, das International LGBT Film Festival in der zweiten Oktoberhälfte, ein weiteres beliebtes Event (http://thedccenter.org/reelaffirmations).

059wa-mb

In den Museen an der Mall ist überall Gratis-WLAN verfügbar

Informationen und Treffs

177 [E2] **The DC Center for the LGBT Community,** 2000 14th St. NW, Tel. 202 6822245, http://thedccenter.org, Mo.–Fr. 12–18, Sa. 11–15 Uhr

Die nachfolgend genannten **Publikationen bzw. Websites** informieren ebenfalls über die LGBT-Szene:

- **https://washington.org/topics/lgbtq** – offizielle Microsite der Tourismusbehörde, Destination DC, u. a. ausführlich zu Events, Neighborhoods und anderen Treffs
- **https://lgbtq.dc.gov** – Website des staatlichen Office of Lesbian, Gay, Bisexual, Transgender & Questioning Affairs
- **GayCities,** http://washingtondc.gaycities.com – Infos und News zu Events, Bars und Klubs, Restaurants, Hotels, Shops u. a. Orte für LGBT
- **Washington Blade,** www.washingtonblade.com – 1969 gegründet als Newsletter, der in Bars verteilt wurde, inzwischen auch online verfügbar. LGBT News und Lesegeschichten sowie unter „A&E" praktische Tipps zu Essen und Trinken, Veranstaltungen u. a.
- **Metro Weekly,** www.metroweekly.com – LGBT-Publikation (wöchentlich neu, gratis) zu Politik und Gesellschaft, aber auch zu praktischen Aspekten

Kneipen und Klubs

Das Zentrum des Washingtoner Szene-Nightlife ist das Areal um den Dupont Circle Richtung Logan Circle, entlang der P Street zwischen 17th und 14th Street.

178 [D1] **A League of Her Own,** 2319 18th St. NW, www.pitchersbardc.com, tgl. außer Mo. „Ladies' bar" mit Veranstaltungen in Adams Morgan, im selben Haus befindet sich die „gay men's sports bar" Pitchers DC.

179 [E4] **Green Lantern,** 1335 Green Court NW, www.greenlanterndc.com. Gay Bar auf zwei Ebenen zum Unterhalten und Tanzen. Gemischtes Publikum zwischen 30 und Ende 40.

180 [E3] **Number Nine,** 1435 P St., www.numberninedc.com. Auf zwei Etagen mit Video Bar, gemütlichen Sitzecken, Bar und auch Essen. Gemischtes Publikum.

Medizinische Versorgung

Besonderen Risiken sind USA-Reisende nicht ausgesetzt, spezielle Impfungen nicht nötig. Erkältungen wegen der Temperaturunterschiede zwischen innen und außen – üblich ist **Vollklimatisierung** in Läden, Museen, öffentlichem Nahverkehr etc. – kann man durch entsprechende Kleidung vorbeugen. **Hygiene** wird in den USA großgeschrieben und WCs (*bathroom* oder *ladies'/men's rooms*) sind gratis benutzbar, normalerweise sauber und leicht zu finden.

Leitungswasser *(tap water),* das man auch in Restaurants gratis vorgesetzt bekommt, kann unbedenklich getrunken werden.

Den hohen **Arzt-, Medikamenten- und Krankenhauskosten** in Amerika steht ein hochentwickeltes medizinisches System gegenüber. Schnelle und gründliche Behandlung ist gewährleistet, vorausgesetzt, man kann die Zahlungsfähigkeit (z. B. durch Vorlage einer Kreditkarte) nachweisen.

Bei Praxisbesuchen muss man im Allgemeinen sofort bezahlen und die gesetzlichen Krankenkassen übernehmen die Kosten nicht, weswegen jedem der Abschluss einer **Auslandsreisekrankenversicherung** dringend empfohlen wird.

Ärzte, Krankenhäuser

Health Care oder **Family Centers** sind Gemeinschaftspraxen, die ohne Termin und lange Wartezeiten *(walk-in)* helfen. Hausbesuche sind unüblich. Im **Notfall** ruft man die Ambulanz oder fährt zu einer Krankenhaus-Notaufnahme *(emergency room)*. Namen und Adressen von Ärzten können leicht über die Hotelrezeption bzw. das Telefonbuch *(medical services/physicians)* in Erfahrung gebracht werden.

- 181 [C4] **George Washington University Hospital (GWU),** 900 23rd St. NW, Tel. 202 7154000, Ärztevermittlungsservice: Tel. 1 888 4493627. Modernes Krankenhaus in günstiger Lage neben der Metrostation „Foggy Bottom“.
- 182 [D3] **Medics USA (1),** 1700 17th St. NW, Tel. (202) 48344, http://medicsusa.com, werktags 9–21, Sa./So. 9–17 Uhr. Medical Center zur Erstversorgung und für Notfälle, nahe dem Dupont Circle.
- 183 [bg] **Medics USA (2),** 2750 14th St. NW (Columbia Heights), Tel. 202 5958813, Mo.–Do. 8–18 Uhr
- 184 [C5] **DC Dental Spa,** 730 24th St. NW, Tel. 202 7593769, www.dcdentalspa.com. Annahme von zahnärztlichen Notfällen auch außerhalb der regulären Praxiszeiten (Mo.–Fr.).

Apotheken

Reine Apotheken *(pharmacies)* sind selten, aber ein Grundsortiment an Arzneimitteln gibt es frei käuflich in Supermärkten und Drugstores. In Letzteren kann man an speziellen Schaltern auch ärztliche Verordnungen *(prescriptions)* für rezeptpflichtige Medikamente einlösen. Oft 24 Stunden geöffnet sind die Filialen der verbreiteten Kette CVS, z. B.:

- 185 [F5] **CVS Pharmacy,** 1275 Pennsylvania Ave.
- 186 [I6] **Grubb's Pharmacy,** 326 E Capitol St. NE, Tel. 202 5434400, Mo.–Fr. 8.30–12, 13–18, Sa. 9–15 Uhr

Beliebt bei Kids: das historische Smithsonian Carousel an der Mall

060wa-mb

Mit Kindern unterwegs

Eine Metropole wie Washington ist zwar nicht unbedingt der ideale Urlaubsort mit Babys oder Kleinkindern, aber selbst für die Kleinen gibt es eine Menge zu sehen und zu erleben. In den **öffentlichen Verkehrsmitteln** dürfen Kinder bis 5 Jahre gratis fahren, sonst gilt der reguläre Fahrpreis. In Motels/Hotels übernachten Kinder meist kostenlos im Zimmer der Eltern.

Tipps für Familien

Washington ist die Stadt der **Museen**, doch gerade mit Kindern gilt es auszuwählen. Gut geeignet sind beispielsweise die folgenden: National Air and Space Museum 22, National Museum of American History 18, National Museum of Natural History 19, National Museum of the American Indian 23 oder das International Spy Museum 31. Interessant dürfte auch die Aufzugsfahrt auf die Aussichtsplattform des Washington Monument 13 sein.

45 [bf] **National Zoo** – rundum ein Erlebnis, v. a. wegen der Pandas, dazu gratis!

24 [G6] **U.S. Botanic Garden** – bequem an der Mall nahe dem Capitol gelegen, mit Gewächshäusern und in der Weihnachtszeit mit sehenswerter Dekoration und Modelleisenbahnanlage

› **DC Duck Tours** (www.dcducks.com): mit Amphibienfahrzeugen auf Sightseeing-Tour und am Ende taucht man in den Potomac River ab

› **Bootsfahrt** auf dem Tidal Basin vor dem Jefferson Memorial (s. Thompson Boat Center, s. S. 122)

› Eine Fahrt mit dem **historischen Karussell** vor dem Smithsonian Castle 14.

› **Restaurants:** Mitsitam Café at the National Museum of the American Indian 23 (das Fry Bread ist beliebt!). Johnny Rockets, mehrere Filialen (siehe www.johnnyrockets.com/locations), ein Diner mit vielen „kinderfreundlichen Gerichten" (u. a. Burger) und nostalgischer Einrichtung.

187 [D4] **The Chocolate Moose,** 1743 L St. NW (Dupont Circle), www.chocolatemoosedc.com. Ein Paradies in Sachen Spielzeug, dazu gibt es lustige T-Shirts und Figuren sowie Schokolade.

› **Kids Euro Festival** Ende Oktober/Anfang Nov. bietet Veranstaltungen an verschiedenen Orten der Stadt (http://events.euintheus.org/landing_page/kids-euro-fest)

Ausführliche **Tipps für Familien** geben folgende Websites:

› https://washington.org/family-friendly, http://kidfriendlydc.com

Notfälle

Die **Notfallnummer** (Polizei, Krankenwagen, Feuerwehr) ist die **911**. Falls es sich um keinen direkten Notfall handelt, ruft man die **311** an, dort erfährt man auch die zuständigen Polizeireviere.

Bei einem Diebstahl (z. B. Reisepass oder Flugticket) oder sonstigen Verbrechen ist Anzeige zu erstatten. Für die Ausstellung eines Ersatz-Reiseausweises ist die diplomatische Auslandsvertretung des Heimatlandes (s. S. 107) zuständig. Auch in Notfällen medizinischer oder rechtlicher Art bemüht man sich dort, vermittelnd zu helfen.

188 [H8] **First District Station (Polizei),** 101 M St., SW, Tel. 202 6980555. Weitere Polizeistationen sind online unter der folgenden Adresse einsehbar: https://mpdc.dc.gov/page/police-districts-and-police-service-areas.

Kartensperrung

Bei Verlust der Debit-/Girocard (Maestro/EC) oder der Kreditkarte gibt es für die Sperrung eine **deutsche Zentralnummer.** Vor der Reise ist zu klären, ob die eigene Bank diesem Notrufsystem angeschlossen ist. **Aber Achtung:** Mit der telefonischen Sperrung sind die Karten zwar für die Bezahlung/Geldabhebung mit der PIN gesperrt, nicht jedoch für das Lastschriftverfahren mit Unterschrift, das jedoch selten geworden ist. Man sollte auf jeden Fall den Verlust zusätzlich bei der Polizei zur Anzeige bringen.

In **Österreich** und der **Schweiz** existiert keine solche zentrale Sperrnummer, daher sollten sich Reisende bei ihrem Kreditinstitut über die Notrufmodalitäten informieren. Generell ist es sinnvoll, die wichtigsten Daten wie Kartennummer und Austellungsdatum **separat zu notieren**, da diese unter Umständen abgefragt werden. Wer dringend eine größere Summe Geld benötigt, kann sich das von zu Hause über Western Union/Reisebank (www.reisebank.de) transferieren lassen.

- **Deutscher Sperrnotruf** (von den USA): Tel. 011 49 116116 oder Tel. 011 49 3040504050 (24 Std.). Infos über sperrbare Medien: www.sperr-notruf.de.

Fundstellen

Hat man etwas verloren oder liegen lassen, wendet man sich entweder an das entsprechende Taxi- oder Verkehrsunternehmen, die Mietwagenfirma, das Restaurant oder Hotel oder man erkundigt sich unter der **Telefonnummer 311** (City Services) bei der Stadtverwaltung. Ein zentrales Fundbüro gibt es nicht.

Öffnungszeiten

In den USA gibt es kein verbindliches Ladenschlussgesetz und manchmal gilt sogar „24/7"-Betrieb – täglich rund um die Uhr. Die Mehrzahl der Läden schließt um spätestens 20 Uhr und hat auch sonntags zu, zumindest außerhalb des Stadtzentrums.

- **Kaufhäuser/Malls:** 10–19/20 Uhr, So. meist 11–18/19 Uhr
- **Restaurants:** ca. 12–14 und 17/18–21/22 Uhr warmes Essen
- **Supermärkte:** mind. 8–20 Uhr, manchmal rund um die Uhr
- **Bürozeiten:** Mo.–Fr. 9–17 Uhr
- **Banken:** werktags 10–14/15 Uhr
- **Museen und Sehenswürdigkeiten:** 10–17 Uhr (meist an einem bestimmten Tag, oft Mo., geschlossen und einmal wöchentlich verlängerte Abendöffnung)

Post

Die Portogebühren (Stand: Mai 2019) nach Deutschland, Österreich und in die Schweiz betragen für **Karten** und **Standardbriefe** bis 1 oz (28 g) $ 1,15 (jede weitere oz: 98 c). Für **Inlandspost** (Standard oder „First Class") gilt: Briefe bis 1 oz (28 g) kosten 55 c, jede weitere oz 15 c, Karten 35 c.

✉**189** [F7] **U.S. Post Office,** 470 L'Enfant Plaza SW, Mo.–Fr. 8–17 Uhr

Radfahren

Washington zählt zu den fahrradfreundlichen Städten in den USA und Radfahren ist auch beliebt bei Berufspendlern, die zeitsparend und umweltbewusst in und durch die Stadt kommen wollen. Fahrradwege existieren z. B. an der Pennsylvania Ave. zwischen White House und Capitol Hill

und andere schöne Routen sind der Anacostia Riverwalk Trail im Osten, der Capitol Crescent Trail oder der Rock Creek Trail. **Infos zum Radfahren** und zu **Trails** in D.C. gibt es unter:
› http://bikewashington.org/visitor.htm

Die Washington Area Bicyclist Association informiert zusätzlich über **Events:**
› www.waba.org
› **Capital Bike Share**, www.capital bikeshare.com, über 500 Stationen in Washington D.C. und Großraum, z. B. an der Metrostation „Metro Center". Einmalige Mitgliedschaft (24 Std. $ 8, 3 Tage $ 17) ist Voraussetzung, dann sind die ersten 30 Min. gratis, danach gelten je nach Leihdauer gestaffelte Gebühren ($ 2 pro Std.). Diese Möglichkeit ist eher für kurze Fahrten geeignet.
› **Bike and Roll,** http://bikeandrolldc.com, Fahrradverleih (ab $ 50 pro Tag) ab National Mall (955 L'Enfant Plaza SW) und Union Station (50 Massachusetts Ave. NE). Tourangebot, z. B. Capital Sites Bike Tour (auch nachts) oder Monuments Bike Tour (3 Std., $ 44).
› **Fat Tire Tours,** www.fattiretours.com/washington-dc. Touren unterschiedlicher Länge, auch Fahrradverleih und Walking Tours.

Sicherheit

Wie in jeder Großstadt ist davon abzuraten, Handtaschen, Fotoausrüstungen, dicke Brieftaschen und Handys (womöglich in der Gesäßtasche) und kostbaren Schmuck **offen zur Schau zu stellen. Bargeld** sollte man nur in kleineren Mengen mitführen.

Vorsicht ist bei Massenveranstaltungen und Menschenaufläufen geboten, z. B. in öffentlichen Verkehrsmitteln oder bei Festivals: **Taschendiebstahl** ist eines der häufigsten Delikte. Auch bei der Bedienung von Geldautomaten sollte man besonders aufmerksam sein. Der öffentliche Nahverkehr gilt als relativ sicher. **Vorsichtig** sollte man nachts in Teilen von Adams Morgan, Capitol Hill, Northeast D.C. und U Street Corridor sein.

Sport, aktiv und passiv

Washington weist vier große Sportarenen auf und gleich acht Profiteams sind hier zu Hause:
› **D.C. United** (Soccer/Fußball – MLS), www.dcunited.com, Spiele März–Okt. im Audi Field at Buzzard Point (Metro „Navy Yard-Ballpark")
› **Washington Capitals** (Eishockey – NHL), www.nhl.com/capitals, Spiele Okt.–Apr. in der Capital One Arena in Downtown (Metro „Gallery Pl.-Chinatown")
› **Washington Mystics** (Frauenbasketball – WNBA), http://mystics.wnba.com, Spiele Mai–Aug. in der Trainingshalle der Wizards in Congress Heights (Viertel in SE)
› **Washington Nationals** (Baseball – MLB). http://washington.nationals.mlb.com, Spiele April–Okt. im Nationals Park 30, Metro „Navy Yard-Ballpark"
› **Washington Redskins** (American Football – NFL), www.redskins.com, Saison ist Sept.–Dez. im FedExField im östlichen Vorort Landover (Maryland)
› **Washington Wizards** (Basketball – NBA), www.nba.com/wizards, Nov.–Apr. in der Capital One Arena
› **Georgetown University Hoyas** (College Sports), www.guhoyas.com. Hochklassiger Universitäts-(Amateur-)sport, empfehlenswert ist besonders Basketball in der Capital One Arena (Nov.–März).
› **Washington Spirit** (Frauenfußball – NWSL), http://washingtonspirit.com. Spiele im Maureen Hendricks Field Maryland SoccerPlex in Boyds/Maryland (nur mit Pkw erreichbar).

› **Old Glory DC** (Rugy – MLR), http://oldglorydc.com, Spiele Jan.–Juni im Cardinal Stadium (Metro „Brookland-CUA")

Trails wie der Capitol Crescent oder der Rock Creek Trail laden zum Laufen und Radfahren ein. Man kann **Boote** und **Fahrräder** leihen. An Parks und Grünanlagen, Trails und Sportflächen besteht ebenfalls kein Mangel. Große öffentliche Sport-Events sind:

› Ende März: **Rock'n'Roll DC Marathon** (www.runrocknroll.com/dc)
› **Marine Corps Marathon.** „The People's Marathon" ist eigentlich ein Halbmarathon des Marine Corps im Mai, dazu finden u. a. an einem Wochenende Ende Okt. noch andere Läufe und Veranstaltungen statt (www.marinemarathon.com).
› **Citi Open**, Juli/Aug. Gleichzeitig zur ATP World Tour 500 stattfindendes Tennisturnier (www.citiopentennis.com)

Sprache

Ganz ohne **Englisch** zu sprechen, kommt man in Washington nicht aus, allerdings ist *small talk* auch mit kleinem Wortschatz möglich und die Erwartungshaltung der Amerikaner nicht hoch.

Das **Amerikanische Englisch** weicht zum Teil vom Schulenglisch ab, es gibt Unterschiede bezüglich Wortschatz, Grammatik und Aussprache.

Gewisse Universalfloskeln gehören zum guten Ton, z. B. „How are you (today)?" – die Frage nach dem Befinden, aber vor allem eine Begrüßungsformel. „Have a nice day/trip" dient der Verabschiedung, ebenso wie „It was a pleasure meeting you" oder „See you" (s. auch die Kleine Sprachhilfe auf Seite 132).

062wa-Washington.org

Stadttouren

Es gibt in Washington vergleichsweise **wenige Tourveranstalter**, was jedoch naheliegt, da viele Amerikaner per Bus und mit Reiseleitung anreisen und sich das Angebot v. a. an der Mall konzentriert und daher nicht unbedingt eine Tour nötig ist. Was lohnt, ist z. B. eine Übersichtstour zu Anfang des Besuchs oder eine der unten aufgelisteten Touren zu Spezialaspekten.

Viele der **Walkingtouren** finden im Winter (ca. Nov.–Apr.) nur eingeschränkt oder gar nicht statt.

Mit dem Bus

› **Old Town Trolley Tours**, Tel. 1 888 9108687, www.trolleytours.com/washington-dc. Tgl. ab 9 Uhr stoppen rote Busse halbstündlich an 17 Haltepunkten zu Rundfahrten auf zwei Hauptrouten (Gesamtfahrtdauer von rund 2 Std.) plus einem Transfer zum Arlington-Friedhof. Beliebiges Ein- und Aussteigen für 1 oder 2 Tage mit einem Ticket ist möglich, z. B. Tagesticket (Silver Pass $ 49 bzw. $ 45 online). Hoher Unterhaltungswert und interessante Erläuterungen während der Fahrt, auch „Monuments by Moonlight Tour“. Tickets im Internet, in der Union Station 32 (Main Hall) oder im Washington Welcome Center (s. S. 111).

Zu Fuß

› **Cultural Tourism DC**, www.culturaltourismdc.org/portal/guided-tours, bietet eine breite Palette an fundierten Walkingtouren mit Schwerpunkt Geschichte und Architektur in verschiedenen Neighborhoods, zu verschiedenen Zeiten und unterschiedlich lang. Vorabreservierung ist nötig, die Touren sind gratis.

› **DC Walkabout**, www.dcwalkabout.com. Ca. einstündige Audiotouren ($ 9) zu bestimmten Themen/Vierteln wie Capitol Hill, Haunted History, Lincoln oder National Mall.

› **DC by Foot**, Tel. 202 3701830, www.freetoursbyfoot.com/washington-dc-tours. Zweistündige Touren gegen selbst bemessenes Trinkgeld.

› **Washington Walks**, Tel. 202 4841565, www.washingtonwalks.com. Spaziergänge durch verschiedene Viertel und zu unterschiedlichen Themen, 2 Std., verschiedene Termine, $ 20.

Spezialtouren

› **DC Metro Food Tours**, Tel. 202 6838847, http://dcmetrofoodtours.com. Kulinarische Touren durch verschiedene interessante Neighborhoods der Stadt, beispielsweise durch Georgetown, den Eastern Market oder durch Little Ethiopia mit reichlich Kostproben und Hintergrundinformationen.

› **Smithsonian Associates**, http://smithsonianassociates.org („Local Tours“). Interessante (v. a. historische) Spezialtouren zu bestimmten Terminen, aber auch Veranstaltungen wie Vorträge oder Lesungen auf hohem Niveau.

‹ In der Capital One Arena spielen die Wizards Basketball und die Capitols Eishockey

› **DC Brew Tours,** Tel. 202 7598687, https://dcbrewtours.com. Fünfstündige Biertouren im Kleinbus. Z. B. werden bei der Original Brew Tour mind. 12 verschiedene Biere verkostet, u. a. im City Tap House.

Im Boot

› **Entertainment Cruises,** Tel. 1 866 4048439, www.entertainmentcruises.com/our-cities/washington-dc. Bootstouren auf dem Potomac River mit der schicken, komplett verglasten „Odyssey" oder der schlanken „Spirit of Washington". Beide bieten Cruises mit Dinner/Brunch/Lunch und Spezialfahrten, auch am Abend und mit Livemusik, dazu Sightseeing und Touren nach Mount Vernon auf verschiedenen Routen.

› **Capitol River Cruises,** www.capitolrivercruises.com, Tel. 301 4607447. Mit der „Nightingale" von Georgetowns Washington Harbor (31st/K St.) 45 Min. lang vorbei an Memorials u. a. Sights ($ 15), nicht im Winter.

› **Potomac Riverboat Company,** Tel. 703 6840580, www.potomacriverboatco.com. Touren wie „Monuments Tour" von verschiedenen Anlegestellen, 1 Std. $ 20.

•190 [B4] **Thompson Boat Center,** 2900 Virginia Ave. NW, www.thompsonboatcenter.com, Verleih von Kanus, Kajaks und Ruderbooten, damit z. B. Überfahrt nach Roosevelt Island zum Picknick möglich. Verleih ab bestimmter Wassertemperatur, ab ca. $ 22/Std., auch Fahrradverleih.

Landesvorwahlen

› **Deutschland:** 011 49
› **Österreich:** 011 43
› **Schweiz:** 011 41
› **USA:** 01

Telefonieren

Eine 1 plus der dreistellige **area code 202** (für das Stadtgebiet Washington D.C.) – im benachbarten Maryland **410,** im angrenzenden Teil von Virginia **571** bzw. **703** – geht der siebenstelligen Rufnummer voraus und muss auch bei Ortsgesprächen mitgewählt werden. Die Rufnummer kann auch als werbewirksame Buchstabenkombination **2 – ABC, 3 – DEF, 4 – GHI, 5 – JKL, 6 – MNO, 7 – PQRS, 8 –TUV, 9 – WXYZ** angegeben sein. Gebührenfrei, aber regional begrenzt sind Nummern, die mit 1-800, 1-833, 1-844, 1-855, 1-866, 1-877, 1-888 beginnen; teuer sind jene mit 1-900 davor.

In Hotels bereitet Telefonieren kein Problem, es wird über Kreditkarte abgerechnet. Öffentliche Fernsprecher sind selten. Bei **Telefonkarten** wird zwischen *calling cards* (monatliche Abrechnung vom Kreditkartenkonto) und *prepaid phone cards* (geladen mit einem bestimmten Betrag) unterschieden. Da die Karten zur schwer durchschaubaren Wissenschaft geworden sind, sei hier nur auf einige hilfreiche Websites verwiesen:

› www.callingcards.com – Übersicht über Anbieter und Preise

Die **GSM-Mobilfunknetze** (850/1900 MHz) sind gut ausgebaut und Telefonieren mit dem Smartphone bereitet im Allgemeinen keine Probleme. Der eingedeutschte Begriff „Handy" existiert im Englischen nicht, man spricht von *cell* oder *mobile (phone).*

Viele Reisende nutzen auch im Ausland eine **mobile Datenverbindung.** Dies ist jedoch häufig mit hohen Kosten verbunden. Man sollte daher vor der Reise bei seinem Netzbetreiber Informationen über evtl. günstigere

064wa-mb

Auslandsdatenpakete einholen oder zur Sicherheit die Mobile-Daten-Option deaktivieren und nur über kostenlose WLAN-Netze ins Internet gehen.

Eine Alternative wäre die Anschaffung einer **amerikanischen Prepaid-SIM-Karte** mit integriertem Datenvolumen (z. B. von T-Mobile oder AT&T), die man bereits vor der Reise im Online-Handel erwerben kann.

Uhrzeit

Die USA sind in **vier Hauptzeitzonen** eingeteilt, die eine Verschiebung von der mitteleuropäischen Zeit um 6 bis 9 Stunden bedeuten. Washington D.C. gehört zur **Eastern Time Zone** und weist **6 Stunden Zeitverschiebung** gegenüber MEZ auf. Ist es in München 12 Uhr mittags, zeigt die Uhr in Washington 6 Uhr morgens.

Bei der **Uhrzeit** wird nicht bis 24 durchgezählt, sondern nur bis 12. Die Zufügung von a.m. (ante meridiem) weist auf vormittags, p.m. (post meridiem) auf nachmittags hin. 12 Uhr heißt *noon,* 0 Uhr *midnight.* Sommerzeit *(daylight saving time/DST)* herrscht in den USA vom 2. So. im März bis zum 1. So. im November.

Das **Datum** wird in der Reihenfolge Monat-Tag-Jahr angegeben, z. B. March 30, 2019 oder kurz 3/30/2019.

Unterkunft

In einer Stadt wie Washington, wo politische u. a. Events, Tagungen und Kongresse an der Tagesordnung sind, wo während der Ferienzeit und an Sommerwochenenden zahllose Amerikaner zur Stippvisite einfallen und in Zeiten von Sitzungsperioden Politiker zuhauf die Stadt bevölkern, empfiehlt es sich, ein Zimmer **im Voraus zu buchen**, sei es über Reiseveranstalter oder Broker, im Internet oder im Reisebüro.

Auch **während Veranstaltungen** wie dem Cherry Blossom Festival und während des Spring Breaks (den Universitätsferien) im Mai ist es oft schwierig, ein Zimmer zu bekommen. Häufig gibt es an Wochenenden, wenn weniger Geschäftsleute unterwegs sind, *Special Rates,* ebenso im Juli/August, wenn die Politiker in Urlaub sind, oder im Januar. Je nach Monat, Event oder Tag gibt es große Preisunterschiede, daher können die hier angegebenen Kategorien nur einen groben Anhaltspunkt geben.

Die **Auswahl an Unterkünften** in D.C. ist groß, es soll **über 130 Herbergen** und gut 31.700 Zimmer geben, im Großraum fast 700 bzw. über 111.000. Die Preise sind eher gehoben, v. a. im Stadtzentrum. Herbergen abseits von Downtown, z. B. am Capi-

Nicht überall ist ständiges Telefonieren erwünscht …

Preiskategorien

Ungefährer Durchschnittspreis für ein Doppelzimmer zuzüglich Steuern (*hotel tax* von 14,95 %), meist ohne Frühstück

$	unter $ 120
$$	$ 120–180
$$$	$ 180–250
$$$$	über $ 250

tal Beltway I–495/95 (gut mit der Metro erreichbar), bzw. im **Umland,** z. B. in Alexandria (U-Bahn-Anschluss) sind oft preiswerter. Von Vorteil ist es, darauf zu achten, dass ein Metro-Stopp in der Nähe ist. **Besonders viele** (und für Besichtigungen gut geeignete) **Hotels** befinden sich in der White House Area/Foggy Bottom, in Capitol Hill und Northeast D.C., in Downtown, um den Dupont Circle, in Georgetown und Upper Northwest. Das **Parken** in Hotels kann teuer kommen, Gebühren von bis zu $ 60 pro Nacht sind keine Seltenheit.

Eine **Reservierung** ist z. B. auf folgenden Websites möglich, die dazu relativ genaue Beschreibungen liefern:

› https://washington.org/find-dc-listings/all-places-to-stay – große Palette an unterschiedlichen Hotels mit Buchungsmöglichkeit

Zum Zimmerpreis wird noch eine **hotel/room tax** von 14,95 % addiert. In letzter Zeit gehen zudem mehr und mehr Hotels dazu über, eine zusätzliche **facility fee** zu erheben. Diese kann $ 20 und mehr pro Nacht/DZ betragen und umfasst Leistungen, die bis dato meist inklusive waren. Man sollte daher **den Preis vor der Buchung genau prüfen!**

Hotels

191 [D1] **Adam's Inn** $-$$, 1746 Lanier Pl NW, Tel. 202 7453600, www.adamsinn.com. **Ungewöhnlich und individuell:** In drei historischen Reihenhäusern befindet sich eine ungewöhnliche Herberge mit 27 Räumen, 16 davon mit eigenem Bad, alle unterschiedlich ausgestattet. Mit kleinem Hinterhof und tgl. Frühstück, preiswert. Nächste Metro: Woodley Park/Zoo.

192 [F4] **Comfort Inn Downtown/Convention Center** $$, 1201 13th St. NW, Tel. 202 6825300, www.dcdowntownhotel.com. **Standardhotel in guter Lage:** zweckmäßig und erschwinglich mit 100 Zimmern, Frühstück und WLAN inkl.

193 [D3] **Dupont Circle Hotel** $$$-$$$$, 1500 New Hampshire Ave. NW, Tel. 202 4836000, www.doylecollection.com/dupont. **Komfortabel und mit modernem Chic:** am Dupont Circle gelegenes modernes Hotel mit großen Bädern und schalldichten Fenstern. Knapp 330 Zimmer verschiedener Typen. Café und Bar.

194 [F4] **Eaton House** $$$, 1201 K St. NW, Tel. 202 2897600, www.eatonworkshop.com/house/dc. **Mehr als nur ein Hotel:** Im K Street Corridor (Downtown) können nicht nur große, gemütliche, schicke Zimmer mit Sitzareal, Arbeitsplätzen und technischer Top-Ausstattung bezogen werden, sondern es gibt dazu eine Bar und Treffs, Restaurants, ein Wellnessprogramm, Besprechungsräume u. a. Es gibt Zimmer für „Global Nomads“ in verschiedenen Typen von „The Cabin“ bis zur „Suite“.

195 [C4] **Fairmont Hotel Georgetown** $$$$, 2401 M St., NW, Tel. 202 4292400, www.fairmont.com/washington. **Feines Hotel mit beeindruckender Lobby und Wintergarten:** in zentraler Lage nahe Georgetown und Metrostation „Foggy Bottom“. Über 400 große, luxuriös und geschmackvoll ausgestattete Zimmer mit Kaffeemaschinen, Kühlschränken etc., dazu Fitnesscenter, Pool und Restaurant „Juniper" mit regionaler und saisonaler Küche (auch Frühstück!).

196 [B3] **Georgetown Inn** $$-$$$, 1310 Wisconsin Ave. NW, Tel. 202 3338900, www.georgetowninn.com. **Plüschige Gemütlichkeit:** historisches Georgetown-Boutiquehotel in nostalgisch-europäischem Stil. Gratis-WLAN und Kaffeemaschinen, außerdem Lokal „The Daily Grill".

197 [E4] **Hay-Adams Hotel** $$$$, One Lafayette Square (16th/H St. NW), Tel. 202 6386600, www.hayadams.com. **Edle Herberge in prominenter Location:** teures, altehrwürdiges Luxushotel in denkmalgeschütztem Haus mit Blick auf das Weiße Haus. Zugehörig ist das Toprestaurant „Lafayette".

198 [G7] **Holiday Inn Washington-Capitol** $$$-$$$$, 550 C St. SW, Tel. 0800 1816068, www.ihg.com/holidayinn/hotels/de/de/washington/wassm/hoteldetail. **Modern und gut ausgestattet:** Kettenhotel mit über 500 modernen Zimmern auf neun Etagen, mit Kaffeemaschinen und Gratis-WLAN. Relativ große saisonale Preisunterschiede. Dachpool und Restaurant im Haus, günstig nahe National Mall gelegen. Achtung: Einige Zimmer sind wegen der nahen Eisenbahnlinie etwas lauter.

199 [D3] **Hotel Tabard Inn,** $$-$$$, 1739 N St. NW, Tel. 202 7851277, www.tabardinn.com. **Nicht alltäglich und lebhaft:** 1922 als Guesthouse eröffnet. In drei historischen Town Houses befinden sich 40 unterschiedliche, gemütliche Zimmer, teils ohne eigene Bäder, inkl. Frühstück und Gratis-WLAN. Zugehörige Bar und Lounge mit Livejazz an bestimmten Tagen.

200 [E3] **Kimpton Mason & Rook Hotel** $$$-$$$$, 1430 Rhode Island Ave. NW, Tel. 202 7423100, www.kimptonhotels.com/stay/mason-rook-washington-dc. **Schickes Boutiquehotel mitten im Geschehen:** günstig an der lebhaften 14th St. gelegen, die 178 Gästezimmer sind schick und geräumig. Schön ist der Dachpool mit Lounge und Ausblick. *Wine Hour* am Abend und Kaffee sowie Tee am Morgen.

201 [E3] **Kimpton Rouge Hotel** $$$, 1315 16th St. NW, Tel. 202 232800, www.rougehotel.com. **Coole Ausstattung:** Boutiquehotel der Kimpton-Kette am Dupont Circle. 137 Zimmer verschiedener Typen, auch Suiten und Bunk Bed Suites (für Kinder oder Kleingruppen), „gay-friendly" und mit Wein am Abend. Ähnlich ausgestattet, ebenfalls nahe Dupont Circle, zu etwas höherem Preis gibt es das **Partnerhotel Topaz** (www.topazhotel.com, 1733 N St. NW, Tel. 202 3933000).

202 **Morrison House** $$-$$$, 116 S Alfred St., Alexandria/VA, Tel. 703 8388000, www.morrisonhouse.com. **Edles Ambiente und Topservice:** elegantes, luxuriö-

EXTRAINFO

Buchungsportale

Neben Buchungsportalen für **Hotels** (z. B. www.booking.com, www.hrs.de oder www.trivago.de) bzw. für **Hostels** (z. B. www.hostelworld.de oder www.hostelbookers.de) gibt es auch Anbieter, bei denen man **Privatunterkünfte** buchen kann. Portale wie www.airbnb.de, www.vrbo.com oder www.couchsurfing.com vermitteln Wohnungen, Zimmer oder auch nur einen Schlafplatz auf einer Couch. Diese oft recht günstigen Übernachtungsmöglichkeiten sind nicht unumstritten, weil manchmal normale Wohnungen gewerblich missbraucht werden. Wenn die Stadt regulierend eingreift, kann das zu kurzfristigen Schließungen führen. Eine Buchung unterliegt also einem gewissen **Restrisiko.**

ses kleines Hotel in einem Haus aus dem 18. Jh. 45 modern möblierte Zimmer mit Gratis-WLAN und Restaurant „Ashlar".

203 [H5] **Phoenix Park Hotel** $$$, 520 N. Capitol St. NW, Tel. 202 6386900, www.phoenixparkhotel.com. **Günstig für Bahnreisende:** nahe der Union Station (und dem Capitol) befindliches historisches Hotel mit 150 Zimmern mit altehrwürdigem, irisch angehauchtem Charme. Zugehöriger Irish Pub.

204 [C5] **State Plaza Hotel** $$, 2117 E St. NW, Tel. 202 8618200, www.stateplaza.com. **Schön geräumig und mit Küche:** in Foggy Bottom, nahe National Mall, White House und Kennedy Center. Renovierte, schlicht-elegante, geräumige Zimmer, voll ausgestattete Küche und Essplatz zugehörig. Gratis-WLAN.

205 [F4] **The Eldon Luxury Suites** $$$, 933 L St. NW, Tel. 209 5405000, www.eldonsuites.com. **Fast wie daheim:** Hier gibt es keine gewöhnlichen Hotelzimmer, sondern gut ausgestattete Wohnungen in einem renovierten Apartmenthaus von 1929. 50 Suiten mit 1 bis 3 Schlafzimmern (für bis zu 6 Pers.) und voll eingerichteten Küchen stehen zur Verfügung.

206 [D1] **The Line DC** $$-$$$, 1770 Euclid St. NW, Tel. 202 5880525, www.thelinehotel.com/dc. **Schlafen in einer ehemaligen Kirche mit Bibliothek:** In eine über 100 Jahre alte Kirche in Washingtons hippem Viertel Adams Morgan zog ein Hotel mit Radiosender in der Lobby und Restaurants, Bars sowie Coffeeshop ein. Es gibt verschiedene Zimmertypen, alle hervorragend ausgestattet und gemütlich mit Kunstwerken, eigener kleiner Bibliothek und Espressomaschine.

207 [E2] **Windsor Inn** $-$$, 1842 16th St., Tel. 202 6620300, www.windsor-inn-hotel-dc.com. **Schlicht und einfach, aber in Toplage:** gute Lage zwischen Dupont Circle und Adams Morgan in historischem Bau mit 46 Zimmern. Falls ausgebucht, gibt es zwei Partnerhotels (s. Website).

065wa-mb

Bed & Breakfast

208 [E3] **Akwaaba B&B** $$$, 1708 16th St. NW, Tel. 1 866 4663855, www.dcakwaaba.com. **Stilvoll und mit Rundum-Betreuung:** historisches Townhouse am Dupont Circle, in guter Lage, mit acht jeweils unterschiedlichen, teils modernen, teils historisch ausgestatteten Zimmern. WLAN, Frühstück, Happy Hour und Bibliothek zugehörig.

209 [D2] **Swann House** $$$-$$$$, 1808 New Hampshire Ave. NW, Tel. 202 2654414., www.swannhouse.com. **Wohnen wie im Schloss:** charmantes B&B mit zwölf liebevoll und geschmackvoll ausgestatteten, meist großen Zimmern bzw. Suiten in historischer Mansion von 1883. Gutes Frühstück und WLAN-Zugang inklusive.

210 [bg] **Woodley Park Guest House** $$-$$$, 2647 Woolley Rd. NW, Tel. 202 6670218, www.dcinns.com. **In ruhiger Lage und sehr gemütlich:** B&B nahe Zoo und Metro, einige der 14 Zimmer ohne eigenes Bad, alle inkl. Frühstück, Keksen, Happy Hour u. a. Annehmlichkeiten. Partnerhotel ist das Embassy Circle Guesthouse (selbe Website).

Hostels

211 [G4] **Capital View Hostel** $, 301 I St. NW, Tel. 202 4503450, www.capitalhostels.com. **Mit Dachterrasse und Pool:** moderne, saubere Herberge mit Schlafsälen (2–6 Personen) und Gemeinschaftsbädern sowie Apartments, Gratis-WLAN, Gästecomputer, TV, Küchennutzung, Handtüchern und Bettwäsche, nahe Metrostation im Nordwesten.

Schick und günstig gelegen: das Melrose Georgetown Hotel

EXTRATIPP

Gut gebettet

Das Melrose Georgetown Hotel ist ein 4-Sterne-Boutiquehotel mit gut 240 Zimmern und rund 35 Suiten auf acht Etagen. Die moderne Lobby besteht aus mehreren gemütlichen Nischen mit Sitzgruppen und einer „Library" mit über 100 Büchern sowie Plätzen um einen Kamin. Das Restaurant Jardena (sehr dezent) nimmt den vorderen Teil der Lobby ein und legt Wert auf regionale, saisonale Küche. Eine gut sortierte Bar befindet sich gegenüber.

The Melrose befindet sich im Viertel Foggy Bottom, nahe der gleichnamigen Metrostation und mit einem Circulator-Stopp vor dem Haus. Georgetown beginnt nur ein paar Hundert Meter entfernt. Jedes Zimmer ist mit kuscheligen Betten, Sofa oder Liegesessel, Schreibtisch, kostenlosem WLAN und Kühlschrank ausgestattet. Die Fenster können geöffnet werden und die Bäder sind geräumig. Kaffee oder Tee steht am Morgen frisch in der Lobby bereit und wer möchte, kann das hauseigene Fitnesscenter nutzen.

214 [C4] **The Melrose Georgetown Hotel** $$$-$$$$, 2430 Pennsylvania Ave., NW, Tel. 202 9556400, www.melrosehoteldc.com

212 [F3] **DC Lofty** $, 1333 11th St. NW, Tel. 202 5067106, www.dclofty.com. **Schlafen im Stockbett:** Gemeinschafts-Schlafsäle mit bis zu sechs Betten oder kleine Zimmer für zwei.

213 [F4] **HI – Washington DC Hostel** $, 1009 11th St. NW, www.hihostels.com/de/hostels/hi-washington-dc. **Zweckmäßige Herberge in guter Downtown Location:** nahe Chinatown und White House, 4 bis 10 Betten pro Raum, auch DZ. Inklusive WLAN und Frühstück.

Verhaltenstipps

In der US-Hauptstadt gelten im alltäglichen Umgang die typisch amerikanischen Eigenschaften – Freundlichkeit, Hilfsbereitschaft, Diskretion und Disziplin –, manchmal ist etwas mehr Etikette gefragt als andernorts. Andererseits sind die Manieren, z. B. im Verkehr oder in Nahverkehrsmitteln, etwas rüder als sonst in den USA gewohnt.

Do's und Don'ts – amerikanische Besonderheiten

- **Trinkgeld** *(tip/gratuity)* ist in den USA nicht inklusive und wird, da die Löhne im Dienstleistungsgewerbe gering sind, erwartet. Im Restaurant werden 20 % vom Rechnungsbetrag erhofft, an der Bar $ 1 bis 2 pro Drink. Für den Transport von Gepäck im Hotel sind $ 2 pro Gepäckstück angemessen, fürs Parken *(valet parking)* gibt man bei Bereitstellung des Wagens ebenfalls mindestens $ 2. Ein Zimmermädchen erhofft sich etwa $ 3 pro Tag und Taxifahrer wenigstens 15 % der Gesamtsumme.
- **Alkohol** darf nicht an Personen unter 21 Jahren verkauft, ausgeschenkt und generell nicht in der Öffentlichkeit konsumiert werden.
- Washington gibt sich im Allgemeinen „leger" („casual"), doch bei Restaurantbesuchen (v. a. in Toplokalen) und in exklusiven Klubs gelten durchaus **Kleiderregeln.**
- **Händeschütteln** ist bei der Begrüßung eher unüblich, dafür werden altersunabhängig schnell die Vornamen benutzt.
- Die amerikanischen **Tischsitten** unterscheiden sich von den europäischen: Amerikaner schneiden mit dem Messer vor und benutzen dann nur noch die Gabel. Es würde keinem Amerikaner einfallen, Pizza oder Meeresfrüchte mit Messer und Gabel zu essen. Selbst in Toplokalen kann man sich Essensreste einpacken lassen.
- **Toiletten** nennt man nie *toilet,* sondern immer *restroom, ladies'/men's room, bathroom* oder *powder room.*
- **Handys** heißen in den USA *mobile* oder *cell phone,* bedeutet doch das Wort *handy* nichts anderes als „handlich", „praktisch" oder „geschickt".

Verkehrsmittel

Die **Washington Metropolitan Area Transit Authority** betreibt Busse (**Metrobus**) und die Metro (**Metrorail**).

Es gibt sechs farblich unterschiedene Metro-Linien, knapp 190 km an Gleisen und mehr als 90 Stationen. Die Metro verkehrt zwischen 5 Uhr (werktags) bzw. 7 Uhr (Sa./So.) und 24 Uhr. Bei mehreren Fahrten lohnt der Kauf einer **Tageskarte** (nur in der Metro gültig) oder einer **SmarTrip Card** (für U-Bahn, Bus und Circulator).

Große **Umsteigebahnhöfe** sind Metro Center, L'Enfant Plaza (von hier aus sind die meisten Sehenswürdigkeiten zu Fuß erreichbar) und Gallery Place/Chinatown. Von diesen Stationen aus führen die Linien sternförmig in die Vororte in Maryland und Virginia. Man kann mit einmaligem Umsteigen jedes Ziel erreichen.

- **Infos/Tickets Metro:** www.wmata.com.
- **Metro-Linien:** Red Line (Glenmont – Shady Grove), Orange Line (New Carrollton – Vienna), Blue Line (Franconia-Springfield – Largo Town Center), Green Line (Branch Ave. – Greenbelt), Yellow Line (Huntington – Fort Totten), Silver Line (Whiele-Reston East/Airport Shuttle – Largo Town Center)

Der **DC Circulator** bedient mit klar gekennzeichneten **Bussen** sechs in verschiedenen Farben gekennzeichnete Innenstadt-Routen. Er ist kostenlos und mit Abfahrten ca. alle 10 Min. von etwa 7 bis 21 Uhr (Details siehe Website) ideal zum Herumkommen in der Innenstadt. Er verbindet z. B. die Union Station mit Georgetown und die National Mall mit dem Walter E. Washington Convention Center.

› **Infos zum DC Circulator:** www.dccirculator.com
› **Circulator-Linien:** Dupont Circle – Georgetown – Rosslyn (light blue), Georgetown – Union Station (yellow), Congress Heights – Union Station (orange), Eastern Market – L'Enfant Plaza (blue), Woodley Park – Adams Morgan – McPherson Square (green), National Mall Route (red)

Bis 1962 gehörte die Straßenbahn in D.C. zum Straßenbild, 2016 feierte sie ihr Comeback. Die erste Linie wurde auf einem ca. 4 km langen Stück eröffnet: Diese **H/Benning Road Line** führt von der Union Station auf der H Street nach Osten (Oklahoma Ave./Benning Rd., derzeit noch kostenlos). Eine Verlängerung nach Georgetown im Westen ist ebenso geplant wie eine neue Nord-Süd-Linie.

› **Infos zur DC Streetcar:** www.dcstreetcar.com

Alles, was man über den Verkehr in D.C. wissen muss, von Busplänen bis zu Baustellen, findet man ständig aktualisiert unter **http://godcgo.com.**

Tickets

Das **Tarifsystem** der WMTA ist etwas verwirrend. Die sogenannten **SmarTrip Cards** gelten in U-Bahnen und Bussen. Sie sind für $ 10 in allen Metro-Stationen erhältlich, wobei einmalig $ 2 für die Plastikkarte anfallen, die dann mit $ 8 Guthaben geladen wird und beliebig wiederaufgeladen werden kann. Der Ticketpreis wird bei jeder Fahrt abgebucht.

Die **Fahrpreise der U-Bahn** sind nach Entfernung und Tageszeit gestaffelt ($ 2,25–6 „peak" bzw. $ 2–3,85 „off-peak" bzw. ca. $ 2,25–3,50 pro Fahrt im Stadtzentrum). Zu beachten ist, dass man sein Ticket bei Fahrtende benötigt, um durch die Ausgangsschranke zu kommen. Der entsprechende Betrag wird vom Guthaben auf der Plastikkarte (SmarTrip Card) abgebucht.

Günstig kann je nach Fahrtstrecken auch der **One Day Pass für Metrorail** zu $ 14,50 sein. **Bustickets** kosten einzeln $ 2 bzw. $ 4,25 (Express), bezahlbar mit SmarTrip Card oder abgezählt bar im Bus.

Taxis

Die Taxipreise (Stand Frühjahr 2019) setzen sich aus einem Grundpreis von $ 3,50 (für die erste 1/8 Meile) plus $ 2,16 pro weitere Meile zusammen. Zusätzliche Passagiere kosten $ 1 und es gibt einige andere Extras.

Neben der Metro ist der DC-Circulator-Bus eine gute Transportalternative

066wa-mb

Addieren zur Gesamtsumme sollte man mind. 15 % **Trinkgeld.** Taxis halten, sofern frei, auf Winken an der Straße an.

- **Taxi Transportation Service,** Tel. 202 3980500, http://dctaxionline.com
- **Yellow Cab,** Tel. 202 5441212, https://dcyellowcab.com

Water Taxi

Wassertaxis sind die neueste Art der Fortbewegung. Sie bringen die Besucher von **The Wharf** (s. S. 43) nicht nur nach Georgetown 38, sondern auch nach Alexandria 48 und zum National Harbor. Es gibt Tages- ($ 30) und 2-Tages-Tickets ($ 39).

- **Infos und Tickets:** www.potomacriverboatco.com

Versicherungen

Eine **private Auslandskrankenversicherung** ist in den USA unverzichtbar. Da die Kosten für eine Behandlung von den gesetzlichen und etlichen privaten Krankenversicherungen in Deutschland und Österreich (Schweizer sollten nachfragen!) nicht übernommen werden, können hohe Kosten anfallen. Am günstigsten sind Jahres- bzw. Familienkrankenversicherungen. Zur Erstattung der Kosten zu Hause benötigt man ausführliche Quittungen.

Zu prüfen ist die Notwendigkeit **anderer Versicherungen.** Reiserücktritts-, Gepäck-, Reisehaftpflicht- oder Reiseunfallversicherung enthalten viele Ausschlussklauseln und zudem sind gewisse Schäden und Verluste oft bereits durch normale Privathaftpflicht- oder Unfallversicherungen abgedeckt. Auch in manchen (Gold-) Kreditkarten sind bestimmte Versicherungen enthalten.

Wetter und Reisezeit

Washington D.C. weist **moderates Klima** mit angenehmen Temperaturen vor allem im **Frühjahr** und **Herbst** auf, die empfehlenswertesten Reisezeiten. Heiße und feuchte Sommer (bis 30 °C) und relativ milde Winter (+3 °C im Durchschnitt) mit etwas Schnee (ca. 35–40 cm) sind hingegen nicht jedermanns Sache. Niederschläge fallen relativ gleichmäßig übers Jahr verteilt.

Die Sommer werden als „HHH" charakterisiert: *hazy* (diesig), *hot* (heiß) *and humid* (feucht). D.C. gehört nämlich zur **„humid subtropical climate zone"**. Hitze und Feuchtigkeit im Sommer sorgen für regelmäßige Gewitter. Im Winter schlägt gelegentlich der „Nor'easter" – kalte Stürme aus nordöstlicher Richtung – zu. Ausläufer von Hurricanes gibt es gelegentlich im Spätsommer und frühen Herbst.

Durchschnitt	Wetter in Washington											
Maximale Temperatur	6°	8°	14°	19°	25°	29°	31°	31°	27°	21°	15°	8°
Minimale Temperatur	–3°	–2°	3°	8°	14°	19°	22°	21°	17°	10°	5°	0°
Regentage	8	7	8	8	9	8	8	7	6	6	7	7
	Jan	Febr	März	Apr	Mai	Juni	Juli	Aug	Sept	Okt	Nov	Dez

ANHANG

006wa-mb

Kleine Sprachhilfe Amerikanisch

Für einen tieferen Einstieg in die Sprache seien an dieser Stelle die Reisesprachführer „Amerikanisch – Wort für Wort“ (Kauderwelsch-Band 143), „American Slang“ (Kauderwelsch-Band 29) und „More American Slang“ (Kauderwelsch-Band 67) aus dem Reise Know-How Verlag empfohlen.

Begrüßung und Höflichkeit

Guten Morgen	*Good morning* (bis mittags)
Guten Tag	*Good afternoon* (ab mittags)
Guten Abend	*Good evening*
Gute Nacht	*Good night*
Auf Wiedersehen	*Goodbye/Bye-bye/ See you* (umgangssprachlich)
Willkommen!	*Welcome!*
Mein Name ist ...	*My name is ...*
Wie heißen Sie?	*What's your name?*
Schön Sie/Dich kennenzulernen/zu sehen.	*Nice/Good to see you.*
Entschuldigen Sie ...	*Excuse me, please, ...* (bei Fragen)
Verzeihung!	*Sorry/Pardon me!*
Bitte	*Please* (bei Fragen, Bitten)
Danke	*Thank you/Thanks*
Bitte, gern geschehen	*You are (very) welcome*
Könnten Sie mir bitte sagen ...	*Could you, please, tell me ...*

Allgemeine Fragen und Wendungen

Ich bin/Wir sind ...	*I am .../We are ...*
Das ist/sind ...	*This is/These are ....*
Wo ist/sind ...?	*Where is/are ...?*
Wo kann ich ... bekommen?	*Where can I get ...?*
Was ist das?	*What's that?*
Haben Sie ...?	*Have you got ...? I am looking for ...*
Wie viel kostet ...?	*How much is ...?*
Ich verstehe nicht.	*I don't understand.*
Sprechen Sie Deutsch?	*Do you speak German?*
Wie heißt das auf Englisch?	*What's that in English?*
vielleicht	*perhaps, maybe*
wahrscheinlich	*probably*
Ist es möglich ...?	*Is it/Would it be possible ...?*
Wer?	*Who?*
Was?	*What?*
Wie?	*How?*
Wie viel(e)?	*How much?* (Menge) *How many?* (Anzahl)

+++ Die wichtigsten Wörter mit dem Bonus-Audiotrack des Kauderwelsch

Zeit

Wie spät ist es?	*What time is it?*
Es ist 10 Uhr.	*It's 10 a.m. (ante meridiem)*
Es ist 22 Uhr.	*It's 10 p.m. (post meridiem)*
Mittag/Mitternacht	*noon/midnight*
heute	*today*
morgen	*tomorrow*
gestern	*yesterday*
morgens	*in the morning*
nachmittags	*in the afternoon*
abends	*in the evening*
früh/früher	*early/earlier*
spät/später	*late/later*

Wochentage

Montag	*Monday*	Freitag	*Friday*
Dienstag	*Tuesday*	Samstag	*Saturday*
Mittwoch	*Wednesday*	Sonntag	*Sunday*
Donnerstag	*Thursday*	Feiertag	*holiday*

Geldangelegenheiten

Geld, Kleingeld, Bargeld	*money, change, cash*
1 Dollar ($)	*„buck" (100 cent)*
1/5/10/25 Cent (c.)	*penny/nickel/dime/quarter*
Tausender	*grand*
Geldautomat	*ATM (automated teller machine)*
Kreditkarte	*credit card*
Reisescheck	*travelers cheque/check*
Ausweis	*ID (identification papers/card), passport*
Steuer	*tax*
Gebühr	*fee*

Unterwegs

Wie weit ist es bis ...?	*How far is it to ...?*
Ist das der richtige Weg nach ...?	*Is this the right way to ...?*
Nord, Süd, Ost, West	*north, south, east, west*
links, rechts	*left, right*
geradeaus, zurück	*straight (ahead), back (to)*
Ampel, Kreuzung	*traffic light(s), junction*
Auto/Mietwagen	*car, vehicle/rental car*
Autovermietung	*car rental station*

Lastwagen	*truck*
Motorrad	*motorcycle, bike*
Benzin	*gas*
Tankstelle	*gas station*
Führerschein	*driver's license*
Panne/Pannenhilfe	*breakdown/roadside assistance*

Öffentliche Verkehrsmittel

Fahrkarte	*ticket*
Tageskarte	*day pass*
einfache Fahrt	*one-way trip*
hin und zurück	*round trip*
Schienenverkehr (Tram, U-/S-Bahn)	*light rail*
Straßenbahn	*tram, streetcar*
U-Bahn	*subway, metro*
(Bus-)Bahnhof/-Haltestelle	*(bus) station/stop*
Zug/Bahnhof	*train/train station, railroad station*
Schiff/Fähre	*boat/ferry*

Unterkunft

Haben Sie ein Zimmer frei?	*Any vacancy? Do you have a room available?*
Zimmer frei/besetzt (Schilder)	*Vacancy/No vacancy*
Reservierung	*reservation*
Einzel-/Doppelzimmer	*single/double room*
... mit einem Bett/	*... with one (king-size)/*
... mit zwei Betten	*... with two (queen-size) beds*
... mit Frühstück	*... with breakfast included*
Badezimmer	*bathroom*
Dusche, Badewanne	*shower, bathtub*
WC	*bathroom, restroom, ladies'/men's room*
behindertengerecht	*handicapped accessible/ handicap-accessible*
Aufzug, Treppe, Rolltreppe	*elevator, stairs, escalator*
Stockwerk	*floor*
Parterre/erster Stock	*ground floor oder first floor/second floor*

Essen und Trinken

Speisekarte	*menu*
Ich möchte ... bestellen	*I would like (to order) .../I will take ...*

Rechnung	*check*
Tagesgericht	*daily special*
Vorspeise	*appetizer*
Hauptgericht	*entree/entrée*
Nachspeise	*dessert*
Frühstück	*breakfast*
Mittagessen	*lunch*
Abendessen	*dinner/supper*
Bedienung (m/w)	*waiter/waitress*
Trinkgeld	*tip, gratuity*
essen	*to eat*
trinken	*to drink*

Register

Washington mit PC, Smartphone & Co.

QR-Code auf dem Umschlag scannen oder **www.reise-know-how.de/citytrip/washington19** eingeben und die **kostenlose Web-App** aufrufen (Internetverbindung zur Nutzung nötig)!

★**Anzeige der Lage und Satellitenansicht aller** beschriebenen Sehenswürdigkeiten und weiteren Orte
★**Routenführung** vom aktuellen Standort zum gewünschten Ziel
★**Exakter Verlauf** des empfohlenen Stadtspaziergangs
★**Audiotrainer** der wichtigsten Wörter und Redewendungen
★**Updates** nach Redaktionsschluss

GPS-Daten zum Download

Die GPS-Daten aller Ortsmarken und des Spaziergangs können hier geladen werden: www.reise-know-how.de, dann das Buch aufrufen und zur Rubrik „Datenservice" scrollen.

Stadtplan für mobile Geräte

Um den Stadtplan auf Smartphones und Tablets nutzen zu können, empfehlen wir die App „Avenza Maps" der Firma Avenza™. Der Stadtplan wird aus dieser App heraus geladen und kann dann mit vielen Zusatzfunktionen genutzt werden.

Die Web-App und der Zugriff auf diese über QR-Codes sind eine freiwillige, kostenlose Zusatzleistung des Verlages. Der Verlag behält sich vor, die Bereitstellung des Angebotes und die Möglichkeit der Nutzung zeitlich und inhaltlich zu beschränken. Der Verlag übernimmt keine Garantie für das Funktionieren der Seiten und keine Haftung für Schäden, die aus dem Gebrauch der Seiten resultieren. Es besteht ferner kein Anspruch auf eine unbefristete Bereitstellung der Seiten.

Die Autoren

Margit Brinke und **Peter Kränzle** sind promovierte Archäologen, die sich vor über 25 Jahren als Journalisten und Buchautoren selbstständig gemacht haben. Seither konnten sie sich durch fast 100 Buch-Publikationen und die Mitarbeit bei Zeitungen, Magazinen und Blogs einen Namen im Reise- und Sportjournalismus machen. Sie wurden u. a. 2018 mit dem „IPW Travel Writer Award" ausgezeichnet. Im Reise Know-How Verlag liegen 15 regelmäßig aktualisierte CityTrip- und CityTripPLUS-Bände, vor allem zu nordamerikanischen Destinationen, vor.

Washington war für beide lange nur ein „Zwischenstopp" auf USA-Rundreisen. Mit diesem Buch war es nun möglich, die Stadt genauer kennenzulernen und nicht nur auf die großartige Museums- und kulturelle Szene hinzuweisen, sondern auch auf die wenig bekannten Besonderheiten der Hauptstadt und die pulsierenden Stadtviertel. Denn: D.C. ist für einen Stopover allein viel zu interessant!

Schreiben Sie uns

Dieses Buch ist gespickt mit Adressen, Preisen, Tipps und Daten. Unsere Autoren recherchieren unentwegt und erstellen alle zwei Jahre eine komplette Aktualisierung, aber auf die Mithilfe von Reisenden können sie nicht verzichten. Darum: Teilen Sie uns bitte mit, was sich geändert hat oder was Sie neu entdeckt haben. Gut verwertbare Informationen belohnt der Verlag mit einem Sprachführer Ihrer Wahl aus der Reihe „Kauderwelsch".

Kommentare übermitteln Sie am einfachsten, indem Sie die Web-App zum Buch aufrufen (siehe Umschlag hinten) und die Kommentarfunktion bei den einzelnen auf der Karte angezeigten Örtlichkeiten oder den Link zu generellen Kommentaren nutzen.

Wenn sich Ihre Informationen auf eine konkrete Stelle im Buch beziehen, würde die Seitenangabe uns die Arbeit sehr erleichtern. Unsere Kontaktdaten entnehmen Sie bitte dem Impressum.

Impressum

Margit Brinke, Peter Kränzle

CityTrip Washington D.C.

© Reise Know-How Verlag
Peter Rump GmbH 2015, 2017

3., neu bearbeitete und aktualisierte Auflage 2019

Alle Rechte vorbehalten.

ISBN 978-3-8317-3292-0

Druck und Bindung:
mediaprint solutions GmbH, Paderborn

Herausgeber: Klaus Werner
Layout: amundo media GmbH (Umschlag, Inhalt), Peter Rump (Umschlag)
Lektorat: amundo media GmbH
Karten: Ingenieurbüro B. Spachmüller, amundo media GmbH
Anzeigenvertrieb: KV Kommunalverlag GmbH & Co. KG, Alte Landstraße 23, 85521 Ottobrunn, Tel. 089 928096-0, info@kommunal-verlag.de
Kontakt: Osnabrücker Str. 79, 33649 Bielefeld, info@reise-know-how.de

Alle Angaben in diesem Buch sind gewissenhaft geprüft. Preise, Öffnungszeiten usw. können sich jedoch schnell ändern. Für eventuelle Fehler übernehmen Verlag wie Autoren keine Haftung.

Bildnachweis

Umschlagvorderseite: ©doganmesut – stock.adobe.com | Umschlagklappe rechts: Washington.org
Soweit ihre Namen nicht vollständig am Bild vermerkt sind, stehen die Kürzel an den Abbildungen für die folgenden Fotografen, Firmen und Einrichtungen. Margit Brinke: mb | Alexandria Tourism Office: ato

Liste der Karteneinträge

Hier nicht aufgeführte Nummern liegen außerhalb der abgebildeten Karten. Ihre Lage kann aber wie die von allen Ortsmarken im Buch mithilfe der Web-App angezeigt werden (s. S. 138).

Zeichenerklärung

- 39 Hauptsehenswürdigkeit
- [D5] Verweis auf Planquadrat im City-Faltplan
- Arzt, Apotheke, Krankenhaus
- Bar, Bistro, Klub, Treffpunkt
- Bibliothek
- Biergarten, Kneipe, Pub
- Café
- Denkmal
- Galerie
- Geschäft, Kaufhaus, Markt
- Hotel, Unterkunft, Apartment
- Imbiss
- Informationsstelle
- Jugendherberge, Hostel
- Kirche
- Moschee
- Museum
- Musikszene, Disco
- Parken
- Pension, Bed & Breakfast
- Polizei
- Post
- Restaurant
- Sehenswürdigkeit
- Sonstiges
- Synagoge
- Theater
- Weinlokal
- Metrorail-Haltestelle
- Stadtspaziergang (s. S. 11)
- Shoppingareale
- Gastro- und Nightlife-Areale

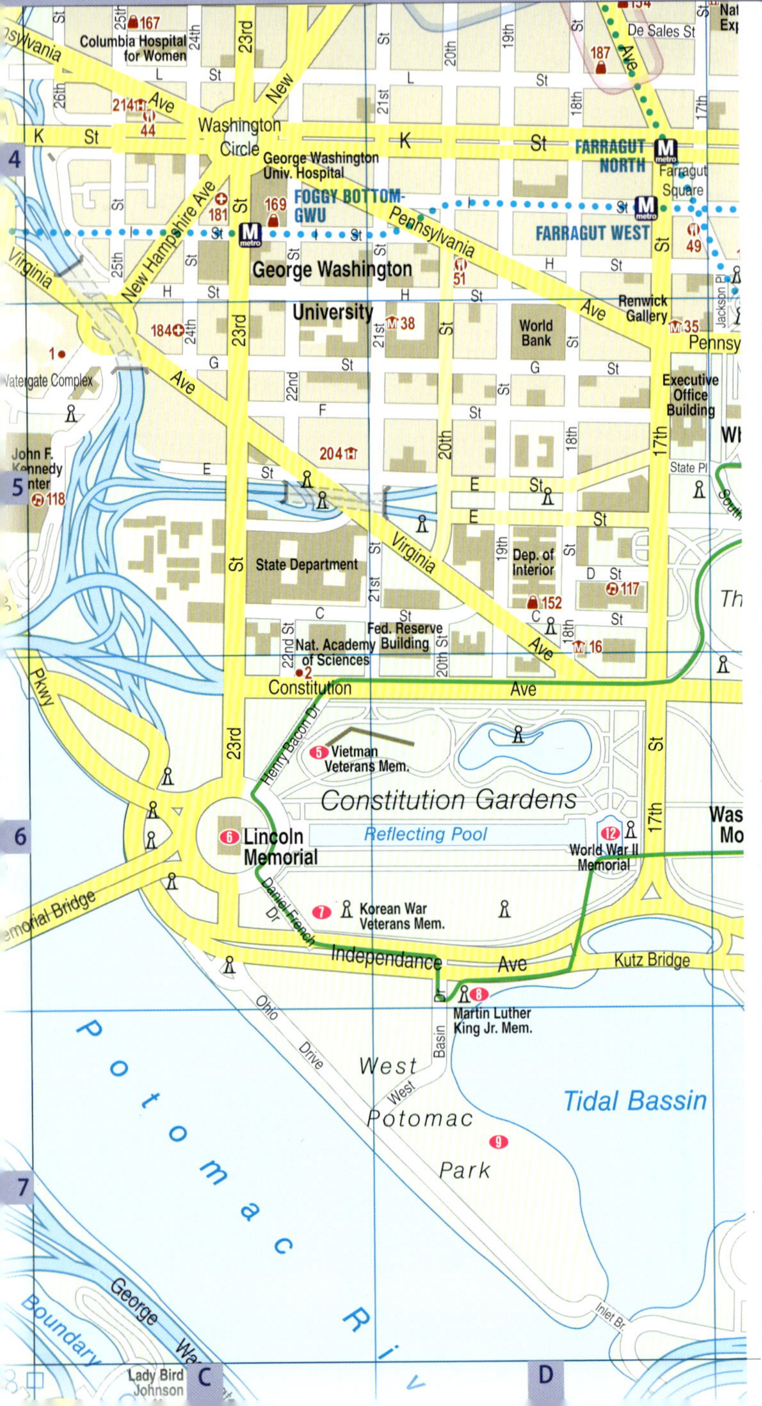
Columbia Hospital for Women
Washington Circle
George Washington Univ. Hospital
FOGGY BOTTOM-GWU
FARRAGUT NORTH
Farragut Square
FARRAGUT WEST
De Sales St
George Washington University
Renwick Gallery
World Bank
Executive Office Building
Watergate Complex
John F. Kennedy Center
State Department
Dep. of Interior
Fed. Reserve Building
Nat. Academy of Sciences
Constitution Ave
Vietnam Veterans Mem.
Constitution Gardens
Reflecting Pool
Lincoln Memorial
World War II Memorial
Korean War Veterans Mem.
Independance Ave
Kutz Bridge
Martin Luther King Jr. Mem.
West Potomac Park
Tidal Bassin
Potomac River
Ohio Drive
Inlet Br.
Henry Bacon Dr
Daniel French Dr
Pennsylvania Ave
New Hampshire Ave
Virginia Ave
K St
L St
H St
G St
F St
E St
D St
C St
23rd St
17th St
Lady Bird Johnson
George Washington
Boundary
4
5
6
7
C
D